수령 연기자 김정은

# 수령 연기자 김정은

장진성 지음

비봉출판사

# 이 책을 시작하며

"〈뉴포커스〉는 북한의 핵심권력이 당조직지도부라고 세계 최초로 주장한 언론사이다."

장성택의 처형 배경을 놓고 전 세계의 관심이 북한에 쏠렸을 때 영국 〈선데이 타임즈〉 지가 〈뉴포커스〉를 소개하며 강조한 문구이다.

"외국 언론이니 북한을 잘 몰라서 그랬겠지, 한국에서도 당조직지도부가 알려지지 않고 묻혀 있었다는 것이 말이나 돼?"

평소 친분관계에 있던 국내 중앙 일간지 기자가 식사 자리에서 고개를 흔들면서 나와 내기까지 걸었던 적이 있었다.

그는 다행히도 인터넷 검색 능력이 아주 뛰어났다. 2013년 12월 이전의 당 조직지도부 검색 자료가 거의 공백이라는 사실에 혀를 내둘렀다. 불편한 진실이지만 국내외에서는 그때까지 당 조식지도부에 대해 깊이 주목하지 못했었다. 그 전으로 좀 더 거슬러 올라가면 이미 엘리트 출신 탈북민들의 증언과 논문에서도 당 조직지도부는 언급됐었다. 그런데도 잘 알려지지 않았던 것은 외부 시각으로 굳어진 북한학계 기득권의 벽이 너무 높았던 탓이라고 본다.

현재까지도 명색이 북한학이라면서도 한국에는 탈북민 출신 북한학 교수가 단 한 명도 존재하지 않는 실정이다. 무엇보다 객관성을 증명할 수 있는 다수 증언에서 밀린 점이 주된 원인이라고 본다.

그동안 3만 명에 가까운 탈북민들이 남한으로 왔지만 당 조직지도부는 노출되지 않았다. 중앙기관 국장급 이상 간부 계층에만 한정된 상위 권력이기 때문이다. 주민들은 김일성 당 총비서 세뇌에, 간부들은 김정일 당 조직비서의 실권 시스템으로 구분해서 관리한 탓이다. 그 과정에 김일성-김정일의 권력 갈등을 누구보다 잘 아는 당 조직지도부여서 그들은 숨은 권력으로 더 깊이 은폐될 수밖에 없었다.

그동안 북한 권력 주체와 관련하여 학계와 언론에서는 크게 두 개의 그룹으로 갈라져 있었다. 김일성 사망 이후 북한의 체제 이념이 주체사상에서 선군사상으로 바뀌면서 권력 중심도 당에서 군부로 이동했다는 주장이었다.

반면에 노동당이 유일 집권당이라고 주장하는 사람들도 당조직지도부라는 구체적인 실체보다는 당중앙위원회나 정치국과 같은 상징적인 중앙집권 기구에 더 관심을 두었다. 결국 북한의 드러난 간부 서열의 변화라든가 대외적인 선언의 외형적 굴곡에만 집중할 수밖에 없었다.

김 씨 일가의 3대 세습 비밀은 당 조직지도부에 있다. 당 조직지도부가 수령주의 이념을 행위 시스템으로 구체화한 권력집단이기 때문이다.

수령주의를 법치로 하는 당 조직생활 안에서만 정권과의 관계, 사회와의 관계, 개인과의 관계, 심지어 자체 생존과의 관계가 형성되고 발전하도록 시스템을 구축했다. 그 증거로 북한 주민들에게 가장 익

숙한 체제 용어가 있다. 아마 한국에 들어온 탈북민들에게 물어봐도 돌아오는 대답은 거의 동일할 것이다. '수령주의'와 '당 조직생활'이 그것이다. 북한 정권이 주민들에게 어렸을 때부터 뇌의 한 부분처럼 세뇌시킨 전체주의 공통 용어이다. 글자는 서로 다르지만 본질적으로는 같은 말이다. '수령주의'를 위해 '당 조직생활'을 하고 '당 조직생활'은 수령주의로 집중된다.

구소련과 중국도 마르크스나 마오쩌둥의 사상은 있었지만 그 사상이 전 국민의 삶이 되도록 강요하지는 않았다. 그러나 북한은 '수령주의'가 수령의 사상만으로 그치지 않는다. 주민의 사상으로 옮겨가서 행동으로 표현되도록 당 조직생활을 통해 끊임없이 강요된다.

내가 이 책의 구성을 크게 '수령주의'와 '당 조직생활'로 나눈 이유도 이 두 용어에 북한의 진실이 압축되어 있기 때문이다. 특히 나는 이 책에서 개인적 경험들을 근거로 지금의 김정은 유일 권력에 강한 의문을 제기하고자 한다. 나의 주장에 과연 수령주의 나라에서 온 사람이 맞느냐고 하면서 고개를 흔들 탈북민들도 상당히 있을 것이다.

현재 북한에서 새어 나오는 비공개 정보들을 보더라도 김정일 때처럼 아주 사소한 것까지 김정은의 지시와 명령이 선행되는 공개적인 수령 수직체계가 여전히 정상적으로 작동되고 있다.

그렇다면 둘 중의 하나이다. 32살의 김정은이 전지전능한 신이거나, 아니면 그 뒤에 수령의 마법을 만들어내는 경험 세력이 존재한다는 것이다. 나는 후자라고 생각한다. 수령의 절대권한을 강조하는 것은 개인 세뇌이기 이전에 조직 세뇌이다. 그 조직사회를 숨 쉬게 하는 것이 당 조직생활이고, 그 통제 권한에 절대성을 부여하기 위해서라도 수령의 명령이 매일 동원되어야만 한다.

김정일이 전대미문의 수령 독재를 완성할 수 있었던 것은 당 조직생활 시스템을 직접 만든 주인공이기 때문이다. 그것도 처음부터 유일무이한 탄탄대로를 걸어온 안정적인 세습이 아니었다. 이복동생인 김평일에게 밀려나 계모인 김성애와 그 지지 세력인 권력층들을 하나하나 제거해야만 했던 내부 숙청의 결과였다.

그런 권력 과정의 재현이나 설득이 없이 지금의 김정은을 그냥 절대 권력자로 단언하는 것은 식탁 위의 치킨이 태어날 때부터 구워져 있었다는 주장과 마찬가지로 황당하다.

노동당 국제비서 출신의 황장엽 선생은 생전에 이런 증언을 한 적이 있다. 그때는 김일성이 사망한 뒤였다. 김정일은 김일성이 생전에 갖고 있던 주석직과 당 총비서직의 공직 후계를 근 3년이나 미루고 있었다. 김정일의 효심을 내세운 그 공백 기간에 북한의 후계자가 누가 될 것이냐고 묻는 외국 기자들의 질문에 황장엽 선생은 이렇게 대답했다. "지금 그게 왜 중요한가? 누구를 앉혀 놔도, 소학교 학생을 갖다 앉혀 놔도 북한은 자동적으로 굴러가게 돼 있다. 현재 북한 시스템이 그렇게 돼 있다. 시스템을 들여다봐야 한다."

황장엽 선생의 말처럼, 김정은이 지금 당장 급사하더라도 김여정을 내세운 수령주의 시스템은 정상적으로 유지되게끔 되어 있다.

북한은 연극 정권이다. 수령 한 사람만 주인공이고 특권층 몇 사람이 충신의 조연으로 출연하는 무대 공화국이다. 무대와 객석을 하나로 잇는 수령주의 기획자는 당 조직지도부이다. 극소수의 그들은 당 조직생활에 대한 지도 권한으로 주민들을 객석에 집합시키고 무대를 향해 박수와 흥분, 환희와 슬픔이 모아지도록 강요해 왔다.

북한 연극의 총 감독은 그동안은 김정일이었다. 당 조직지도부는 김정일이 어떻게 김일성을 신격화하고 절대화하는지 그 곁에서 함께 기획하고 실행한 충분한 경험의 소유자들이다.

지금 전 세계에 생방송되는 북한 연극에는 김정은이 확실한 주인공이다. 이에 대해서는 북한 객석에서 뛰쳐나온 탈북민들의 증언도 거의 일치한다. 극장 밖에 있던 사람들이 쓴 기사와 평론까지 김정은을 쫓아가는 추세이다.

어쩌면 이 대세에 편승하는 것이 개인적으로는 현명하고 또 편리한 선택일 수도 있다. 그러나 진실의 또 다른 이름은 용기이다. 나는 그 용기에 한 발 더 다가가 북한 정권이 과시하는 무대가 아니라 그 뒤의 진짜 모습을 파헤쳐 보고 싶다.

# 수령 연기자 김정은

# 목 차

# 제1부
# 수령주의

# 〔 1 〕
# 김정일은 처음부터
# 후계자였던 것은 아니다

나는 통일전선부 근무 당시 〈김조실록(金朝實錄)〉 편찬조에 잠시 동원되었다.

『김조실록』은 김정일의 지시로 1999년 7월경부터 통일전선부가 직접 맡아 편찬했다. 통일전선부가 편찬한 『김조실록』은 내가 탈북하기 전인 2004년 1월까지 북한 조선중앙TV에서 "위대한 김일성, 김정일 동지의 혁명실록을 펼치며"라는 제목으로 매일 연재되었다. 김정일이 『김조실록』의 편찬을 지시하게 된 이유는 김씨 일가의 역사를 국가화하고 민족주의화하기 위해서였다.

그 선언적 의미에서 북한 정권은 김일성 3년 장례가 끝나는 해인 1997년 7월 김일성 생일인 1912년 4월 15일을 원년으로 '주체 년호'를 새롭게 제정했다. 김정일은 "망국의 500년 조선도 이조실록을 가졌는데 위대한 김일성 조선에 '김조실록'이 없다는 것은 말도 안 되는 일이다"라고 하면서 통일전선부가 직접 맡아서 편찬하도록 지시했다.

김정일이 이 작업을 당 역사연구소나 민간의 사회과학원이 아닌 통일전선부에 위임한 이유는 크게 세 가지 때문이다. 우선 대남공작 부서의 특성상 보안 유지가 탁월하다는 점과, 남한을 상대로 한 심리 전에 훈련된 우수 필진들이 있다는 것이었다. 무엇보다 김일성민족 주의를 역설하자면 단순히 국내뿐만 아니라 해외교포 사업과 경험, 그 증거물이 충분한 통일전선부가 적임자여서였다. 오늘날 북한이 주장하는 "김일성민족"을 그의 출생일로부터 이후 전체의 당위성으 로 조작하려면 남한이나 해외의 민족성까지 끌어들일 수 있는 '김일 성 집중 민족주의'로 확대 정리할 필요가 있었던 것이다.

당시 나는 대남 심리전 기지인 101연락소 문학 5국의 시 담당 19 부 부원으로 근무하고 있었다. 1999년 5월 서사시 "영장의 총대 위에 봄이 있다"를 쓴 우수 직원이기도 했다.

상부에서는 김정일을 만난 "접견자" 신분의 우대로 『김조실록』 편찬위원으로 임명해 주었다. 내가 당위원회로부터 임명장을 받았을 때에는 이미 『김조실록』 편찬조가 〈문수초대소〉에서 숙식 집필 진행 중이었다.

〈문수초대소〉는 평양시 대동강구역 청류3동 일반 아파트단지 내 에 은밀히 숨어 있는 건물이다. 〈문수초대소〉는 원래 월북자 초대소 이다. 탈북민들이 남한에 입국하면 3개월 동안 사회적응 교육을 받 는 〈하나원〉과 같은 개념이라고 보면 된다. 〈문수초대소〉의 마지막 손님이 오익제이다.

오익제는 남한 천도교 교령이며 김대중 전 대통령의 새정치국민

회의의 고문이기도 했던 인물이다. 오익제의 월북은 황장엽 국제비
서가 탈북하자 눈에는 눈, 이에는 이의 대응공작 차원에서 통전부가
주도한 사실상의 납치공작이다. 황장엽 국제비서가 북경 주재 한국
총영사관으로 들어가면서 전 세계가 들썩이자 김정일은 대노하여
"황장엽만한 남한의 거물급을 당장 데려오라"고 매일같이 독촉했다.
통전부가 오익제를 지목한 것은 그의 고향이 평안남도 성천군인데다
본처와 딸이 생존하고 있는 충분한 유인 조건 때문이었다.

통전부는 혈연 및 인맥을 이용하여 남한이나 해외동포들을 포섭
하는 것이 주된 공작이다. 오익제는 그 중 한 명이었다. 이미 오래전
부터 오익제 포섭 공작을 위해 북한 청우당 및 천도교 위원장인 류미
영(월북한 최덕신의 미망인)을 비롯한 여러 채널을 동원한 적도 있었
다. 나는 통전부 간부들로부터 오익제 월북 공작에 관한 여러 일화도
직접 전해 들을 기회가 있었다. 그때가 서사시 "영장의 총대 위에 봄
이 있다"의 마지막 원고 완성을 위해 의암초대소에서 숙식 집필을
하던 1999년 4월 경이다.

통전부 내에서는 의암초대소를 일명 임동옥 초대소로 부른다. 김
정일 최측근들이 모여 사는 〈은덕촌〉 지역에 당 작전부 오극렬 부장,
당 대외연락부 강관주 부장의 초대소도 함께 몰려 있다. 다른 부서들
과 마찬가지로 김정일에게 올라갈 통전부의 제의서 최종 검토도 의
암초대소에서 주로 이루어졌다.

서사시가 김정일에게 바치는 통전부 선물 작품이라 임동옥이 직
접 볼펜을 들고 원고 수정에 기여하기 위해 날 불러들였던 것이다.
당시 의암초대소에는 '서울불바다' 발언으로 남한에도 잘 알려진 박

영수 부과장 외 조평통 참사 2명도 숙식하고 있었다. 그들은 대북지원은 수용하면서도 남북 정부 회담을 피할 논리 개발을 위해 들어와 있었다.

점심을 먹고 한담하는 여가 시간에 임동옥이 전화 한 통을 받고 몹시 흥분했다. 오익제가 묘향산에 갔는데 차가 고장났으니 빨리 다른 차를 보내달라는 현장 직원의 보고를 받은 뒤였다. 임동옥은 김용순 비서에게 부탁하지 왜 자기에게 떠 넘기냐며 크게 화를 냈다. 나에겐 그동안 통전부 내에서 말로만 들어왔던 김용순-임동옥과의 갈등을 직접 확인하는 순간이기도 했다. 남한에서는 김용순이 생존해 있을 때 북한 대남공작부서 수장이라고 치켜세웠다.

허담이 대남비서일 때에는 산하 부서들에 대한 당적 지도권자가 분명했다. 허담이 김정일의 종고모(從姑母)인 민주조선신문 김정숙 주필의 남편이면서도 당 조직비서의 신임도가 그 어느 간부보다 커서였다.

그러나 국제비서 출신의 김용순은 달랐다. 가뜩이나 비밀 신비주의로 담장이 높은 당 대남공작부서인데다 무엇보다 김정일의 최측근 서열에서 뒤지는 까닭이다. 김정일의 오랜 권력동지인 오극렬이나 친인척인 강관주가 김영순보다 더 앞서 있었던 것이다.

결국 대남비서란 말이 무색할 만큼 어느 부서에도 개입할 수 없게 된 김용순은 제일 만만한 상대로 통전부를 자꾸 들쑤셔댔다. 김용순의 통전부 내 직함이 '아태'위원장이라 더욱 극성이었다. 원래 '아세아태평양평화위원회'는 평화 조직의 상징성을 내세운 북한 통전전략의 일환으로서 건물이나 고정 직원도 없는 전부 명예직 구성의 비상설 기구에 불과하다. 그러나 업무 상대가 주로 남한이나 해외 교포들이라 김용순은 국제비서 경력을 내세운 '아태' 위원장 명예직을 불필요하게 남용했다. 통전부의 해외 이권은 물론 전략에도 혼선을 준다고 판단한 임동옥은 통전부 간부부 부부장의 비리를 은밀히 김용순과 연계시켜 당 조직지도부에 신소했다.

대남 비서는 산하 당 대남부서 당위원회들을 관장하는 직책으로서 통전부 당위원회 책임비서를 간부부장이 겸하고 있었던 것이다. 통전부 조직비서가 김용순과 임동옥 사이를 중재하면서 신소는 곧바로 철회됐지만 갈등의 불씨는 여전히 살아 있는 상황이었다. 임동옥이 오익제 편의 차량을 김용순에게 떠넘긴 것도 '아태' 위원장이 책임지라는 반발의 의미였다.

그 발단으로 시작된 오익제 공작에 관한 구체적 증언은 내가 의암초대소에서 통전부 채창국 부부장의 입을 통해 직접 들은 내용이다. 채창국 부부장은 "장군님께서는 매일 결과를 기다리시는데 그 바쁜 상황에서 아랫 사람들이 실수해서 더 진땀을 뺐다."고 하면서 해피엔딩의 승자처럼 웃으며 이렇게 말했다. "오익제에게 보낼 고향 사진을 빨리 찍어 오랬더니 본처와 딸의 사진 배경을 강냉이 밭으로 했지, 거기다 옷까지 아주 한심해서 막 야단쳤지. 이걸 보면 설사 제 발로 오겠다고 결심했던 사람도 포기하겠다고 말이야, 그래서 배경도 좀 멋있게 바꾸고 일본 중고 옷을 가져가서 제대로 입혀 다시 찍어오랬지. 오익제 선생 말이, 그 사진을 보고 변기 위에 앉아 한 시간 동안 울었다는 거야 …. 아 참, 그 고향 편지는 너의 국장이 썼어."

오익제를 평생 기다린 모녀의 애절한 사연을 담은 편지는 101연락소 5국 박철 국장이 대필했다. 결국 오익제는 그 편지의 결말을 보기 위해 아무 준비 없이 중국-북한 국제열차에 올랐다가 그대로 자진월북이 돼 버린 것이다.

채창국 부부장에 대해서는 내가 2004년 탈북하여 안가에서 조사받기 전까지 국정원에서는 전혀 파악을 못하고 있었다. 북한의 통전전략을 기획하는 사실상의 실권자인데도 국정원에서는 남북대화 정면에 서는 얼굴마담 같은 인물들만 꿰차고 있는 실정이었다. 다행히도 국정원에서는 김일성 사망 3주년을 맞아 판문점에 만들어진 김일성의 자필 비준 7.7일 기념비를 찾은 통전부 간부들의 집체 사진을 확보하고 있었다. 그 사진 속에서 채창국의 얼굴을 꼭 짚어 주었더니 임동옥의 옆에 서 있는 실세가 누구인지 그동안 몹시 궁금했었는데 이제야 풀렸다고들 했다.

오익제가 김정일이 선물로 준 대저택을 배정받고 나간 이후 문수초대소는 통전부 업무 초대소로 완전히 변경됐다. 남북 체제경쟁의 종말을 보여주듯, 남한의 탈북자의 집 〈하나원〉은 확장된 반면 북한의 탈남자의 집 〈문수초대소〉는 용도폐기된 것이다.

지금 생각해보면 그 〈문수초대소〉에서 『김조실록』이 편찬됐다는 것이 나에겐 우연 치고는 아주 남다른 의미로 다가온다. 주적 강요와 김씨 신격화로 버티는 북한체제에서 그 두 이념이 집약된 〈문수초대소〉와 『김조실록』의 비밀을 직접 체험한 내가 오늘은 남한으로 탈북했으니 말이다. 그때까지만 해도 김조실록 편찬자료들인 당 역사문헌기록보관소 문헌들을 볼 수 있다는 것만으로도 나는 최고의 출세로 자부했다. 색 바랜 종이와 그 위에 먹으로 쓴 자필 문구 하나하나가 그대로 북한 정권이 걸어온 발자취이고 그래서 그 동행의 역사 속 주인공이 된 듯 뿌듯하기만 했다.

그러면서도 내가 줄곧 가졌던 의문이 하나 있었다. 북한의 과거는 수령주의와는 전혀 상관이 없었다는 점이다.

한글을 김일성의 이름 석 자부터 시작해서 배운 나로서는 당 역사문헌기록보관소에 소장되어 있는 문헌의 내용들이 매우 낯설었다. 북한 정권 자료들이 오히려 김일성은 처음부터 신이 아니라고 강력히 항변하는 것처럼 보였다. 그 거짓의 역사를 숨기기 위해『김조실록』편찬조는 각자 분담 받은 1인 10년 주기의 해당 자료만 열람할 수 있도록 엄격한 내규와 서약을 강요했다.

그러나 북한의 역사를 김일성, 김정일 두 사람만의 일일 업적으로 기록하는데다 수령 계승의 정당성을 강조하자니 시공간을 초월하는 광범위한 창작이 필요했다. 편찬조원들 중에서도 가장 고민이 많았던 작가가 김일성 생애가 시작된 1912년부터 1922년까지의 10년 기록 편찬자였다. 김일성이 태어난 날에 대해서는 요란하게 할 말이라도 있겠지만, 오줌똥도 못 가리는 갓난아기를 놓고 그 다음날부터는 과연 어떤 역사적 기록을 해야 할지 참 난감해 했다. 만경대에 무지개가 비끼고 새벽안개가 저녁까지 걷히지 않았다는 등의 자연적 신비주의도 하루 이틀이었다. 나중에는 편찬조원들이 스스로 내규를 깨고 서로의 자료들을 참고하거나 공동 숙식의 편안함으로 서로 대화하며 조언하는 협력체가 됐다. 소재가 부족하면 하다못해 수령의 기억이 만들어낸 감동 일화로 일일 공백들을 메우기도 했다.

그 과정에서 나는 김일성이 결코 태어난 신적 존재가 아니라 개인으로 출발하고 야심으로 성장한 행운의 승자라는 것을 조금씩 알게 됐다. 특히 『김조실록』의 객관성을 기술하는 차원에서 다양한 증언자들을 인터뷰하면서 그 확신은 더 커져갔다.

내가 만나본 고령의 항일투사들과 김일성의 연고자들 중에는 가끔 치매를 앓는 이들도 있었다. 어떤 이는 김일성의 이름 앞에선 눈물이 떨어질 듯 눈동자가 흔들리다가도 김정일의 이름 앞에선 치매의 일상으로 되돌아갔다. 북한 선전매체가 선전하던 시종일관한 충신의 모습과는 전혀 딴판이어서 괜히 내 얼굴까지 빨개진 적도 있었다.

북한의 역사와 그 산증인들을 만나는 과정에서 나는 북한 공민이 알아서는 안 될 김정일 후계 과정의 비화도 조금씩 알게 되었다.

제일 먼저 나에게 충격을 주었던 것은 북한 노동당이 소련 공산당의 지배로 출발했다는 사실이었다. "조선민주주의인민공화국"이란 국호가 만들어진 1948년부터 1972년까지 북한의 권력 중심은 내각이었다. 또 그때가 북한 역사상 가장 부흥기이다. 반면에 정치적으로는 형편없이 불안정했다.

2차 대전 이후 미-소 냉전이 시작되면서 다른 사회주의 동구권 나라들처럼 북한 노동당도 구소련의 공산권 영역 안에 포함되어 지역당 수준으로 위축되어 있었다. 북한은 "조선노동당" 당명을 근거로 사대주의를 배격한 주체 정당의 증거라고 자평하고 있다. 그러나 "노동당"의 당명은 이씨 왕조 500년의 여파로 일제 식민지 치하에서도 가부장적 봉건 세태에 세뇌되었던 주민 정서를 고려한 임시 당명이었다. 당시의 주민 의식은 남녀는 물론 위아래 구분도 없이 "동지", "동무"로 호칭되는 평등 개념의 공산주의가 용납될 수 없었다. 그래서 공산당을 지향하는 중간 단계의 "노동당"이란 당명 선택이 불가피했고, 이후 당명 개칭 여부가 계파 간 노선 대립의 불씨가 되기도 했다.

당명의 왜소함도 문제였지만 주체적 정당이 없었던 탓에 북한 내 정치적 파벌 싸움은 끊어지지 않았다. 특히나 북한은 지리적으로 중소 국경 틈새에 끼여 있는 데다 8·15해방의 주역인 구소련과 6·25전쟁의 참전국인 중국의 정치적 영향력까지 가세되어 양대 세력의 충돌이 잦았다.

1968년 내각부수상 겸 군 최고수뇌였던 김창봉 민족보위상이 무력쿠데타를 시도했을 정도로 수령 세습은 아예 꿈도 꾸지 못할 상황이었다. 김창봉을 제거함으로써 김일성은 비로소 유일 절대 권력의 안정을 찾을 수 있었다.

하지만 후계자의 야망을 가진 김정일에겐 정 반대였다. 김일성의 1인 권력과 함께 더 커진 '김성애파'라는 거대한 장벽을 넘어야만 하는 시련의 출발점이었다. 김일성종합대학에서 공부할 때까지만 해도 김정일은 장남이라는 태생적 지위만 갖고 있었을 뿐, 주변에선 모두 김성애와 김평일에게 줄을 서는 형편이었다. 빨치산 출신의 김정숙과 달리 김일성의 후처 김성애는 훤칠한 키, 출중한 미모, 차분한 성격으로 국모로서의 조건이 충분했다. 거기다가 김성애의 오빠 김성갑은 내각부수상으로 김일성 친인척 정치의 핵심 주역이었다.

가부장적 사회인 북한에서 개인도 아닌 내각수상이 두 번의 결혼을 하는 것은 대중에게 도덕적 오해의 소지가 있었다. 그런데도 김성애를 지지했던 많은 동지들의 등에 떠밀려 김일성은 1963년 공식 결

혼을 하게 되었다. 하필이면 김정일이 김일성종합대학 졸업을 1년
앞둔 해였다. 김정일의 대학 전공은 정치경제학부였다. 그런데 1964
년 대학 졸업 후 배치를 받은 첫 직장은 엉뚱하게도 문화예술부였다.
후계에서 밀림으로써 전공까지 바뀌게 된 것이었다.

　　당시 빨치산 권력층 자녀들의 입을 통해 간간이 전해져 온 소문
이 있다. 초기 김일성의 후계 결심이 김평일에게 더 쏠렸던 계기가
생모가 있고 없고의 차별이 아니라 김정일이 동생의 익사를 방치한
사건 때문이라는 것이다.

　　김정일 밑으로 김평일 외에 남동생이 한 명 더 있었다. 지금의 당
창건 기념관은 김일성이 1960년대 초반까지 저택으로 사용했던 건
물이다.

북한의 거부 박정호가 김일성에게 선물한 대저택

그 건물은 원래 일제 때 평양에서 아주 유명했던 거부인 박정호란 사업가의 개인 대저택이었다. 박정호의 대저택은 중구역 안의 아래미루(지금의 해방산) 남쪽 기슭에 있었다. 김일성이 "개선장군"으로 귀국하자 박정호는 저택으로 사용해 달라면서 그에게 바쳤다.

그 인연으로 박정호는 북한 평안도 재정부장이 된다. 훗날 김일성은 6.25남침 준비를 위해 박정호를 남한으로 파견한다. 당시 북한은 소련의 신탁통치를 준비하며 독자적으로 화폐 발행을 준비하고 있었다. 김일성은 박정호가 그 정보를 미리 알고 구 화폐를 갖고 도망치도록 했다. 또한 박정호의 범죄 탈북 신뢰도를 더 높이기 위해 평안도인민위원회 재정부 산하 식량창고를 통째로 불태우는 사건도 조작했다.

그때 북한 정권 안에서 박정호의 위장탈북을 아는 사람은 김일성, 김정숙, 김책 세 사람뿐이었다. 김정숙은 박정호에게 자신이 김일성

대법원에서 열린 박정호 간첩사건 공소심 결심공판 사진

으로부터 받았던 약혼 금반지를 선물하기도 했다. 박정호는 이승만 정부에서 재정 후원자로 자처하며 맹활약했지만 1956년 12월 사형을 당한다.

그의 맏아들이 바로 북한 내각 체육상이었던 박명철 위원장이다. 박명철이 체육상으로 승진할 수밖에 없었던 것은 월남자 가족으로 추방되어 성장한 탓에 어렸을 때부터 학교를 제대로 다니지 못해서이다. 박정호 가족은 월남자 집안으로 낙인찍혀 자강도 산골에서 살았다. 6.25전쟁 때 미군이 북상하자 김책이 직접 부관을 보내 자강도로 피신시켰는데 그 뒤로 김일성도 잊고 살았던 탓이다. 1970년대 초 조선혁명박물관을 방문했던 김일성이 당 창건기념관 사진 앞에서 박정호를 회고하며 그 자녀들의 행방을 빨리 찾아보라고 지시한 것이 계기가 되어 비로소 박정호 가족은 평양으로 이사를 올 수 있었던 것이다.

지금은 당 창건기념관으로 이름이 바뀐 박정호의 대저택은 애당초 김일성과 인연이 없었던 집인 것 같다. 이사한 지 2년 만에 부인 김정숙이 사망했고, 또 연이어 아들까지 그 저택 정원의 연못에 빠져 익사했다. 수심이 얕았지만 바닥에 워낙 이끼가 많이 끼어 자꾸 미끄러지는 바람에 함께 놀던 김정일도 어쩔 수 없었던 모양이다. 당시 김일성은 동생의 죽음을 방치한 김정일에게 아주 크게 화를 냈다고 한다.

현재 당 창건기념관에는 연못이 없다. 김일성의 지시로 메운 흔적만 생생히 남아 있을 뿐이다. 빨치산 권력층 자녀들 사이에서는 형이 동생을 직접 죽였다는 소문으로까지 확대되어 어린 시절의 김정일을 많이 괴롭혔다고 한다.

그런 김정일이 가끔 집을 나와서 며칠, 때로는 한 달 넘게 묵어가곤 했던 곳이 최현 장군의 집이었다고 한다. 김정일과 최룡해와의 변함없는 친분관계는 그 옛정에서 출발한 것이다. 현재 북한에서 빨치산 혈통의 가문으로 내세우는 최고 특권층으로는 장남 승계를 우직하게 고집했던 최현의 아들인 최룡해가 거의 유일하다. 그만큼 당시 북한 권력 상층부 대부분이 김성애 세력으로 결집되어 그 자녀들 대부분이 훗날 김정일의 눈 밖으로 밀려난 탓이다. 특히 그때에는 다른 특권층들도 빨치산 장군으로 불릴 만큼 위세가 대단했다.

생모가 없는 김정일보다 김평일의 친구들이 더 많았고, 그 과정에 빨치산 특권층 후손들과의 좋지 않은 추억들이 많았다. 그래서 김정일은 자기의 세습정치 정화 차원에서 동시대 기억을 갖고 있던 빨치산 특권층 자녀들 대부분을 권력에서 지워버렸다.

김정일은 먼저 북한의 사령탑인 당 조직지도부를 순수 자기 동창생들인 김일성종합대학 동창생들로만 채웠다. 그리고 빨치산 출신 자녀들은 아예 당에 발을 들여놓지 못하도록 내부 인사원칙으로 대못을 박았다. 빨치산 가문의 자녀들이 외무성이나 군에 많은 이유는 김정일 집권 기간 동안 빨치산 가문에 대한 우대 차원의 배려일 뿐, 당에서는 철저히 배제한 결과이다.

김일성에서 김정일로의 정상적인 권력 세습이라면 당연히 아버지 동지들의 자녀 세습도 정상적이어야만 하는데, 북한의 이념과 현실은 정 반대였던 것이다. 지금 백두혈통의 상징처럼 남아있는 최룡해도 줄곧 당의 외곽단체인 청년동맹을 맡았었고, 해임과 추방을 거쳐 현재 당 비서직에 머물러 있는 수준이다.

한국의 인터넷이나 통일부 공식 자료에 올라온 최룡해 신상정보에는 1950년생으로 표기돼 있다. 잘못된 정보이다. 최룡해는 1949년 1월 15일 생이고 황해남도 신천군 신천읍에서 태어났다. 31살이던 1980년 5월 3일 강경실이란 여성과 결혼했다. 최룡해 위에는 형 최룡택이 있다. 최룡택은 교육성을 거쳐 중앙당 교육부 과장으로 일하다가 1993년 경에 사망했다. 최룡택에게는 1975년 9월 28일생의 늦둥이인 막내딸 최봉춘이가 있었다. 평양음악무용대학에서 피아노를 전공했던 그녀는 나의 1년 후배였다. 최봉춘은 동생이 어떻게 형보다 더 출세할 수 있었냐고 물어보면 대답 대신 입을 삐쭉거리기만 했다. 그러면서도 아버지와 사이가 안 좋아서 잘 모르겠다는 말로 최룡해에 대한 우회적 반감을 드러내기도 했다. 나중엔 김정일에게 밉보인 탓이라고 은밀히 털어놓았다.

동생인 최룡해는 나이 차이가 많은 친형 최룡택보다 김정일을 맏형처럼 더 믿고 졸졸 따라다녔다고 한다. 김정일과 가출도 자주 한 탓에 대노한 아버지 대신 출몰한 최룡택에게 멱살을 잡혀 최룡해가 짐승처럼 집에 끌려간 적도 몇 번 있었다고 한다. 그때마다 내각수상의 아들이어서 남에게 절대 지지 않으려고 했던 김정일이지만 최현을 제대로 닮은 우직한 최룡택 앞에서만은 고개를 숙이고 용서를 구했다고 한다.

최룡택은 80년 말에 일찍이 명예퇴직하여 평양시 평천구역 안산동에 위치한 항일투사 사택에서 임종 전까지 어머니 김철호를 모시고 살았다. 훗날 안산동 항일투사 아파트 단지는 비전향 장기수들의 집단 주거지로 변경되었다.

김정일이 문화예술부에 배치된 시기에 최룡해와 함께 가장 의지가 되어준 또 한 사람은 오극렬이다. 김정일보다 10살이나 위였던 그는 당시 인민군 소장직을 갖고 공군대학 학장으로 일하고 있었다. 오극렬의 5번째 딸 오영희도 나와 동창이다. 1994년 평양음악무용대학을 함께 졸업했고 1994년 조선중앙방송위원회 음악국 문예부에도 한날한시에 배치받아 더 각별했다. 더구나 오극렬에게는 5명의 딸과 외아들이 있는데 대부분 문필가였다. 그래서 김정일은 특권층 자녀들 대부분이 외화벌이 회사에 취직한 것을 강하게 비판하며 오극렬을 본받으라고, 진짜 충신의 가문이라고 칭찬한 적이 있다.

오극렬의 첫째 딸인 오혜선은 노동신문사 기자였다. 2000년 경 자전거를 타고 퇴근하다가 군인 트럭에 치여 사망했다. 김정일이 여자들이 자전거를 못 타게 하라고 강력 지시한 것이 오혜선이 교통사고로 사망한데 대한 일종의 사회적 분풀이였다. 오영희의 말에 의하면, 김정일은 오혜선의 장례식 날 오극렬의 집을 찾아와 새벽까지 술을 나누며 위로했다고 한다.

둘째 딸 오혜영은 조선영화문학창작사 시나리오 작가이다. 김정일이 노동당 시대의 최고 걸작이라고 추켜세웠던 북한 영화 〈나의 행복〉이 오혜영의 작품이다.

셋째 딸 오혜옥은 조선인민군신문사 기자이다. 그의 남편 장혜명은 김일성종합대학 어문학부 시 창작 교원에서 조선작가동맹중앙위원회 시분과위원회 위원, 나중에는 내가 근무했던 통전부 101연락소 5국 국장으로 배치됐다.

넷째인 오영희의 남편 최태영은 평양음악무용대학 작곡학부 동창생이다. 평범한 지방출신의 장남이었지만 아내를 잘 만난 덕에 대학 졸업 후 김일성고급당학교 양성반을 거쳐 평양시청년동맹 1비서로 일약 출세했다.

오영희 밑으로 조선인민군기록영화촬영소 편집원인 오영란과 남동생 오세원이 있다. 오영희는 비만치료를 위해서라며 대학 때부터 담배를 줄곧 피웠다. 술도 어지간히 했다. 퇴근 시간이 되면 가끔 나에게 술 한 잔 하자고 눈짓을 보내곤 했다. 우리가 자주 가던 식당은 대사관들이 밀집된 문수지구의 〈청류식당〉이었다. 나는 식당 건너편인 대동강구역 동문2동에서 살았고, 오영희도 걸어서 5분 거리에 있는 아버지 집인 의암동의 〈은덕촌〉에 얹혀살아 자연스럽게 단골집이 된 것이다.

오영희는 술에 취하면 식당 전화로 차를 불렀다. 오극렬의 집에는 미제 자동차인 스타크래프트 밴이 있었다. 오극렬의 노모 생신 90돌을 기념하여 김정일이 선물로 준 차이다. 노모의 외출 겸 병원 치료용으로 김정일이 특별히 엄선해서 보내준 선물인지라 2명의 운전기사가 번갈아가며 24시간 늘 대기 중이었다.

우리의 주된 대화 내용은 문학이나 직장 일에 관해서였다. 오영희는 부서 사람들이 자기를 험담하지 않는지 늘 신경을 썼다. 일주일에 보통 2~3일씩 결근하고 출근해서도 거의 빈 원고지 앞에 앉아 있다가 퇴근하다 보니 본인도 많이 민망했던 모양이다. 그러나 조선중앙방송위원회 어느 간부도, 심지어 말단 기자들도 오영희의 직무태만을 전혀 이상하게 생각하지 않았다. 간혹 결근 날짜가 길어지다 못해

한 달을 넘길 경우 문예부 부장이 "오영희는 또 임신했나?"라고 겨우 한 마디 던질 뿐이었다. 오영희는 그동안 자기가 반복했던 거짓말에 대한 조롱인 줄 뻔히 알면서도 전혀 다른 기색 없이 웃어넘길 줄 알았다. 우리는 술잔도 대화를 주고받으며 자연스럽게 북한 정권에 대한 은밀한 이야기로 넘어가곤 했다. 그 중 가장 기억에 남았던 오영희의 말은 김정일이 김평일에게 밀려 있을 때 오극렬, 최룡해와 의형제를 맺은 관계였다는 내용이었다. 김정일은 내각수상, 오극렬은 민족보위상, 최룡해는 당 위원장, 이렇게 권력을 셋이서 나눠 갖기로 결의했던 의형제라는 것이다. 지금은 그 세 권력을 김정일이 혼자 다 독차지했지만 당시 북한 상황에서는 권력 분산 약속이 가능했다는 증언이다.

그렇듯이 아버지 세대가 아닌 자기 세대의 소규모 결집력에 의존한 김정일은 문화예술부 권력을 최대한 이용했다. 그 첫 시동으로 김일성 신격화와 빨치산 출신 권력가들에 대한 개인 우상화를 주도했다. 김정일은 먼저 빨치산 출신 중에서 제일 박식한 사람이라는 림춘추를 설득하여 그의 주도로 1959년 초판이 나온 〈항일빨치산 참가자들의 회상기〉 집필 권한을 넘겨받았다. 그때부터 전문작가들로 구성된 대필 작가 집단에 의해 책 출간 횟수가 늘어났고, 전체 인민의 필독서로 강요되는 도서 판매 체계도 잡히게 되었다. 이어서 출판 분야만이 아니라 회상기 내용들을 소재로 하는 연극과 노래, 시 창작 등 전체 선전 영역으로 확대되었다. 회상기의 저자들은 이름만 빌려준 대가로 김정일로부터 명예와 돈을 벌게 되었다. 그들의 고향에 개인 동상까지 세워주는 사업도 김정일이 직접 선두에서 지휘하였다.

김정일의 정치선동 수완은 아버지와 동지들의 환심을 사기에 충분했다. 김일성은 당 선전선동이 우선인 사상, 기술, 문화의 3대혁명소조 지도 권한이야말로 김정일에게 잘 들어맞는다고 판단한 것 같다. 당연히 이에 반대하는 사람들도 확 줄어들었다. 김평일이 상대적으로 나이가 어렸던 점이 김정일에겐 무엇보다 큰 혜택이었다.

훗날 김정일이 3대혁명소조 운동으로 후계 지위가 정상화된 1970년대 말부터는 김평일을 지지했던 빨치산 출신 간부들과 그 자녀들이 권력에서 하나둘 밀려났다. 심지어 정치범수용소로 끌려간 이들도 있다. 김평일은 평생 추방이나 다름없는 외국생활을 해야 했고, 김성애 역시 초대소에서 고독하게 홀로 갇혀 살아야 했다. 김성애의 오빠 김성갑은 술에 빠져 살다가 간암으로 사망했다. 김일성이 당 총비서인데도 직계가족에게 들씌워진 그 모든 불행들은 당 조직지도부가 수령 유일지도체제를 위한 곁가지 청산이란 명분과 원칙을 내세워 강행한 권력 조치들이다.

〔 **2** 〕
# 당 조직지도부
# 뿌리는 '3대혁명소조'

북한의 3대혁명소조는 크게 두 종류로 나누어진다. 1970년대 중후반까지는 김정일 세습 기반을 위한 정권 내의 실제적 권력 운동이고, 이후 1980년대 초부터는 사회 확산의 이념적 대중운동이다.

김일성은 1973년 2월 당 정치위원회 확대회의에서 "각 공장, 기업소, 협동농장에 주체사상으로 무장하고 정치사상적으로 준비되어 있으며, 현대적 과학기술을 소유한 청년인텔리들, 당 핵심들로 편성된 3대혁명소조를 파견하라"고 지시했다. 그리하여 젊은 당 핵심들을 비롯하여 대학 졸업생들로 구성된 수만 명 규모의 3대혁명소조가 20~30명 또는 50명씩 편성되어 전국으로 파견되었다.

'3대혁명소조 운동'이란 사회 전반에 사상, 기술, 문화의 3대 혁명을 요구하고 실천한다는 것이다. 김일성에게 그 영감을 준 것은 마오쩌둥의 부인 강청의 주도로 1966년부터 시작된 중국 문화대혁명이다. 권력 세습을 위한 젊은 세대교체 명분을 위해서는 중국의 홍위병처럼 젊은 세대를 내세우는 대중적인 혁명운동이 필요했던 것이다. 김일성이 3대혁명소조에 대한 지휘 권한을 아들인 김정일에게 쥐어 준 주된 이유이기도 하다. 목적은 어쨌거나 3대혁명소조 운동이 침체된 북한 경제에 활력을 불어넣었다고 일부 사람들은 긍정적으로 평가하기도 한다. 그러나 사실은 북한의 모든 화근인 수령 유일지도체제가 그 3대혁명소조 운동으로부터 강요되었는데도 그 문제의 본질에서 완전히 벗어난 시각이다.

3대혁명소조 운동이 짧은 기간에 김정일의 후계권력으로 커질 수 있었던 것은 결코 사회에 불어넣은 젊은 활력 때문이 아니다. 김일성 개인숭배와 그의 정치철학이라는 주체사상의 결합인 "김일성주의화"의 실현에 있다. 즉, 마르크스-레닌주의에서 김일성주의로 압축되는 노동당의 이데올로기적 권한의 독점으로 사상혁명에서의 김일성주의, 기술혁명에서의 주체적 자립, 문화혁명에서의 수령 우상화를 강력하게 실천했기 때문이다.

현지 간부들이 지니고 있는 보수주의, 경험주의, 관료주의 등 "낡은 사상"과의 투쟁을 명분으로 내세운 3대혁명소조 운동의 첫 과녁은 지방간부들이었다. 아래에서부터 가지치기를 하면서 올라와야 지방 비리와 연계시켜 숙청 범위를 과감하게 중앙권력으로 확대할 수 있었기 때문이다.

1974년경 3대혁명소조는 "3대 혁명소조 지도과"로 당 조직지도부의 첫 권력이 되었다. 당 조직지도부가 빠른 시간 내에 북한 전체를 장악 통제하는 권력으로 커지게 된 비결은 사상, 기술, 문화혁명이라는 포괄적 영역에 제한이 없는 권력 개입의 정당성 때문이다. 하지만 지방권력과 달리 중앙권력 도전에는 한계가 있었다. 남북분단이란 특성상 중앙권력과 군부 권력과의 밀착이 너무 심했기 때문이다. 3대혁명소조 권한이 군으로 확대되지 않는 한, 민간만을 대상으로 해서는 반쪽짜리 권력에 불과했다.

당시 인민무력부장은 완고하기로 유명한 최현이었다. 최현은 3대혁명소조 운동을 민간인, 그것도 대학생들 수준의 졸업 실습 정도로 비하하며 군부의 독립성과 권위를 내세워 군에 들어오는 것을 한사코 반대했다. 김정일이 최현을 찾아갔을 때 부대 입구를 지키고 섰던 병사들에게 제지당해 되돌아간 적도 있었다. 최현이 인민무력부장직에서 해임된 이유가 그 사건 때문이라는 소문도 있지만 그것은 와전된 것이다. 김정일의 후계 지위의 결정적 여부가 3대혁명소조의 군 장악에 달려 있다고 본 김일성이 직접 기획 주도한 작품이다.

최현은 다혈질인데다 무식해서 논란의 소지도 충분한 사람이었다. 걸핏하면 사람들을 권총으로 겁박했고, 한 집에 처와 정부를 동시에 거느리고 사는 위인이었다. 군부 안에서 예쁜 간호사들은 모두 최현 장군의 여자라는 말이 돌 정도였다. 김일성은 1976년 4월 인민군 창건일 관련 회의에서 최현을 군벌주의자로 낙인찍었다. 그리하여 5월 인민무력부장직이 최현에서 오진우로 넘어갔다.

김일성의 경호원 출신인 오진우는 최현과 달리 아주 순종적인 인물이었다. 오진우는 인민무력부장으로 임명되자 곧바로 군벌주의 청산 명목으로 3대혁명소조 운동이 민간에서와 똑같이 아래 중대 단위에서부터 거슬러 올라오도록 군부의 문을 활짝 열어주었다. 그렇게 시작된 북한군의 정치 운동이 바로 말단 중대 단위부터 교화시키는 〈3대혁명 붉은기 쟁취 중대〉운동이다. 2005년 1월 18일 북한 노동신문은 〈3대혁명 붉은기 쟁취운동〉 발기 30돌 기념 사설을 싣고 선군시대의 요구에 따라 이 운동의 불길을 더욱 세차게 일으켜 대중운동의 거대한 위력으로 만들어 나가자고 촉구했다. 〈3대혁명 붉은기 쟁취운동〉이 발기된 첫 해가 1975년임을 말해주는 자료이다. 그 운동의 첫 피해 특권층이 다른 사람도 아닌 북한 군부의 최고 수장인 최현장군이어서 당시에는 충격이 더 컸다. 최현 장군이라면 그때에는 그 이름 자체만으로도 북한 군대의 얼굴이자 자부심이었다. 그런 무소불위의 권력자도 대번에 무너뜨리며 급부상한 3대혁명운동이었고, 그렇게 김일성에게 평생 충성했던 최현은 김정일 후계권력의 제물로 바쳐졌다.

최현의 해임을 계기로 군 독립 권한이 위축되는 것에 위기감을

최 현                    오진우

느꼈던 강경 군부세력은 1976년 8월 18일 우발적 충돌로 위장한 판문점 도끼 만행 사건을 일으키게 된다.

북한군이 왜 전략적으로 공허한 그 시점에 별것도 아닌 미루나무를 놓고 도끼 도발을 했는지, 그리고 김일성의 유감 표명으로 항복할 거라면 왜 굳이 미군 병사를 살해하면서까지 일을 크게 벌려놓았는가에 대해 아직까지 외부에선 많은 의문이 남아 있다. 북한 군인들의 충동적 우발사건이라는 추측도 있고, 김정일이 군 장악에 개입하면서 주도한 사건이라는 설도 있다. 하지만 그때까지만 해도 김정일의 후계 입지는 탄탄하지 못했다. 한 쪽에는 당 조직부장이었던 김일성의 동생 김영주가 정치적 야심을 키우고 있었고, 또 다른 쪽에는 김정일의 이복동생인 김평일의 생모 김성애가 조선민주여성동맹 중앙위원회 위원장으로 득세할 때였다. 그 당시 김성애의 대외 행보는 거의 김일성 내각수상과 대등할 정도였다. 권력 내부에서까지 김성애를 중국 문화대혁명을 주도했던 마오쩌둥의 부인 장청에 비교하며 수군거렸을 정도였다.

김영주와 김성애, 그 두 거물급 친인척 짬에 끼어 있던 김정일의 당시 권력 입지는 문화예술부 분야에만 한정돼 있었다. 그래서 김정일이 직접 참여 주도할 수밖에 없었던 북한식 문화혁명의 대 전성기가 바로 1970년부터 1973년까지인 것이다. 그때 북한의 5대혁명가극인 '피바다', '꽃파는 처녀', '당의 참된 딸', '금강산의 노래', '밀림아 이야기하라'가 연이어 나왔고, 그 경험과 성과를 영화, 연극, 음악, 무용 등 선전선동 분야 전반으로 주입 확대시킨 것이다. 김정일이 만수대예술단 무용배우 출신의 고용희와 눈이 맞은 것도 1971년 문화예술지도 현장에서였다.

현재 북한 정권이 공개적으로 주장하는 김정일의 화려한 당 경력은 김정일 후계체계가 완성된 1980년 이후의 것들이다. 즉, 김정일의 후계 출발부터 정당성을 부여한 일종의 김정일 신격화 경력이다. 북한의 그 허위 선전 자료들을 토대로 한국에서는 김정일에 대한 연구와 북한학 자료들이 만들어져 북한의 거짓 선전을 확대 재생산하고 있다.

김일성이 정치국 회의에서 세습정치 의도를 공론화하며 김정일에게 3대혁명소조 지도 권한을 완전히 위임한 시점은 1973년경이다. 그 3대혁명소조 권한도 처음에는 김영주 당 조직부장 산하의 일개 과로 출발한 소규모 그룹에 불과했다. 김일성은 김정일의 선전업적을 근거로 그를 3대혁명소조의 적임자로 보았고, 3대혁명이라는 사상공세의 만능열쇠를 그에게 쥐어주게 된다. 때마침 김영주 당 조직부장이 1974년 김일성 특사 자격으로 해외 방문을 마치고 돌아오자마자 업무 과로에 의한 뇌졸중으로 쓰러졌다. 그 계기로 김정일은 3대혁명소조를 총 지휘하는 당 조직지도부 부부장으로 전격 임명됐다. 말이 부부장이지 실제는 당 조직부장이나 마찬가지였다. 그 권한대행으로 제일 먼저 당 조직지도부 요직을 김일성 종합대학 동창생들로 채우고 3대혁명소조 권한도 특권화했다.

'판문점 도끼만행사건'은 김정일의 후계권력인 3대혁명소조가 〈3대혁명붉은기 쟁취운동〉으로 군부까지 흔들려고 하자 북한군의 독립성을 강력히 주장하던 이른바 북한 내 마지막 군벌주의 세력에 의해 저질러진 계획적 도발이다. 하지만 그 사건은 도리어 북한군이 김정일의 후계 권한에 귀속되는 데 결정적 역할을 하게 된다. 판문점 도끼만행 사건 이후 군 내 군벌주의를 청산한다는 명목 아래 말단 중대 단위에서부터 〈3대혁명붉은기 쟁취 중대〉운동이 벌어졌고, 그 지휘권한을 부여받은 총정치국은 당 조직지도부의 직속 권력기관으로 부상하게 된다. 김정일의 당조직지도부 밑에서 빨치산 출신의 오진우가 인민무력부장으로 오랫동안 장수할 수 있었던 것도 북한군을 전쟁하는 군대가 아니라 〈3대혁명붉은기 쟁취 중대〉의 군대로 김정일에게 통째로 갖다 바친 조력자여서이다.

그때부터 김정일은 공화국 헌법 위에 수령의 신격화를 올려놓고 무시무시한 숙청 정치를 본격화했다.

중앙권력으로 커진 3대혁명소조 지도과는 사상의 '개조'가 아닌 사상의 '복종'을 공식화했다. 그 권한 부여를 위해 '3대혁명소조 지도과'를 '3대혁명소조 지도부'로 확대하고, 1978년 그 권한 안에 국가안전보위부를 소속시켰다.

국가안전보위부의 전신은 정치보위국이다. 원래는 사회안전성 산하의 정치감찰국이었는데 1973년 정치보위국으로 독립되었다. 출범 목적은 반공화국 간첩들을 색출한다는 것이었지만, 김정일은 정치보위국을 당 조직지도부 소속으로 귀속시키면서 명칭 앞에 '국가'를 추가하여 '국가정치보위부'로 만들었다. 외부세력인 간첩만이 아니라 국가를 위협하는 내부의 '반당 반혁명 분자'도 간첩과 같은 수준에서 똑같이 처형한다는 엄포였다.

당 조직지도부가 '국가정치보위부'의 지휘 권한을 가진 명분은 3

대혁명소조 지도 원칙인 수령 유일지도체제 확립을 위해서라는 것이다. 또한 일가친척까지 피해가 불가피한 '3대멸족 연좌제' 적용 대상에 대한 당 차원의 판단과 유일적 결정이 선행되어야 한다는 이유에서였다. '국가정치보위부'가 당 조직지도부 안에서 '국가안전보위부'로 커지면서 3대혁명이 사상혁명을 강요하는 수령주의 공포정치도 극대화되었다.

3대혁명소조 운동은 단순한 사상혁명만이 아니었다. 김정일의 3대혁명에서 기술혁명 또한 북한 권력의 근간을 뒤바꾸어 놓은 정권 혁명이었다. 북한 주민들에게 각인된 김일성의 첫 공개 직함은 내각 수상이었다. 3대혁명의 기술혁명은 북한의 최고 국가기구였던 내각 위에 노동당 내의 각 부서들을 올려놓았다. 예컨대 내각 외무성 위에 당 국제부, 내각 문화성 위에 당 선전선동부, 내각 농업성 위에 당 농업부, 내각 교육성 위에 당 교육부… 이런 식의 당적 지배가 내각을 식물 기구로 만들어 각 분야의 행정 독립성은 물론 상호 발전 및 경쟁 기반을 무너뜨리게 했다.

주체적인 자립경제와 사회주의 완성을 위해서는 내각의 물질 논리보다 주체적 이념정당의 행정 결심과 지도 권한이 앞서야 한다는 것이었다. 그때부터 북한에서는 주체사상보다 우월한 그 어떤 기술이나 창의성도 없어졌다. 또 인정될 수도 없는 구조가 되었다.

문화혁명 역시 3대혁명소조 운동이 몰고 온 거대한 태풍이었다. 1960년대 말까지도 북한에서는 외국 고전 클래식이나 오페라, 문학이 비교적 자유로웠다. 김정일의 주체 음악예술론에서도 1960년대 문화 상황에 대해 민족 정서와 맞지 않는 외국 음악들이 평양과 지방의 극장들을 점령한 실태를 비판하는 문구들이 있다. 주체 이전의 북한문학과 예술은 구소련의 탈정치 영향으로 "사실주의적 사회주의"를 지향하고 있었다. 김정일의 문화혁명 노선은 구소련식 "사실주의적 사회주의"를 정치 개입이 전제된 "사회주의적 사실주의"로 뒤집어버렸다. 주체나 김일성주의를 포함하여 모든 정치적 규제가 우선하는 "사회주의적인 사실주의"는 사실상 북한 문화의 정치화 선언이었다.

주체문학의 영원한 주인공은 단 한 사람인 김일성이었다. 일반 주민의 경우에도 그들은 개인이 아니라 수령에 대해 충성을 다하는 전형으로 표현되었다. 3대혁명소조 운동이 없었다면 3대멸족 연좌제는 물론 오늘의 3대세습도 없을 것이다.

3대혁명소조 운동은 "조선민주주의인민공화국"의 법체계 위에 김일성 신격화를 세운 "3대세습 기반혁명"으로 규정되어야 한다. 일부 한국의 고등학교 교과서들이 3대혁명소조 운동을 북한 경제 부흥기를 이끈 대중운동으로 평가하는 것은 중대한 실책이다. 나는 이를 수령주의 범죄의 공범 행위로 비판하고자 한다.

3대혁명소조는 1980년 이후부터 권력운동이 아닌 대중운동으로 일반화된다. 북한 대학생들이 출세나 입당을 위해 선택하는 졸업실습 내지 사회체험 과정이 된다. 현장에서 간부들의 비리나 월권, 사상적 동요를 발견했을 때 즉석 해임을 요구할 수 있는 초기 3대혁명소조 특권도 사라지면서 탄력을 더 잃게 된다. 비로소 김정일 중심의 간부 혁명이 완성되니 대중혁명의 요구도 무의미해진 것이다.

김정일과 함께 3대혁명 운동을 지휘했던 3대혁명소조 지도부는 당 조직지도부의 핵심 골간이 되었다. 전국에 파견됐던 3대혁명소조 원들 중에 검증된 열성 소조원들은 중앙과 지방 당위원회의 핵심 간부로 등용되었다.

현재 김정은 정권에서의 당 조직지도부 실권자는 김경옥이다. 김일성종합대학 정치경제학부를 졸업한 김정일의 동창생이다. 그 인연으로 1970년대 3대혁명소조 지도 때부터 지금까지 줄곧 당 조직지도부에서만 일해 온 인물이다. 1980년대에는 당 조직지도부 검열담당 부부장, 1990년대에는 군 담당 제1부부장직을 거쳐 지금의 정상에 올라와 있다. 김경옥 이전에는 이제강이 당조직지도부 실권자였다. 그는 2010년 의문의 교통사고로 사망했다. 아들 이용남을 러시아 대사관 초급 당비서로 파견한 것도 어쩌면 권력경쟁의 희생물이 될 것을 우려한 이제강의 조치였을 수 있다.

이제강 밑에서 군 담당 제1부부장을 했던 사람은 이용철이다. 이용철의 딸 이영란은 내가 북한에 있을 때 이런저런 일로 자주 엮이고 만났던 지인이다. 뒤에서 좀 더 구체적으로 설명할 기회가 있겠지만, 이영란의 직속상관이 장성택과 함께 처형된 장수길 54부 부장이다. 장수길은 조명록 총정치국장의 지시로 부장에 임명됐지만 출신 성분과 과거 교화 경력이 문제가 되어 민간인 신분으로 근무했었다. 현철해 조직부국장이 조명록 총정치국장과 갈등이 깊어 반대했다는 소문도 무성했다. 그러나 이용철의 딸 이영란이 나서면서 장수길은 오랜 숙원이었던 상좌 계급의 군복을 입을 수 있었다.

이후 장수길은 장성택 사건에 연루된 주모자로 몰려서 처형되었다. 그 장성택의 처형 정면에 섰던 1937년생의 조연준도 김일성종합대학 정치경제학부 졸업생이다. 그는 함경남도 3대혁명소조 지도 책임자로 활동했던 소조원 출신으로, 함경남도 도당 조직비서를 거쳐 1979년부터 당 조직지도부 당 조직생활 지도과 담당 과장, 부부장으로 승진한 인물이다.

이처럼 당 조직지도부 실권자들은 장성택 처형을 결정하는 정치국 확대회의가 있을 때까지 공개적인 북한 권력서열에 전혀 드러나지 않았던 인물들이다. 장성택의 처형은 곧 수령 신격화의 처형이나 마찬가지다.

수령이란 개인은 물론 그 가문이나 친인척 중에서도 역적이 나올 수 없는 전체 주민의 성역이다. 그 신격화를 위해 역사는 물론 현실까지 왜곡하는 북한에서 장성택을 만천하에 드러내놓고 처형했다는 자체가 지극히 비정상적이다. 설사 김정은이 억지를 부렸어도 진짜 충신그룹의 당조직지도부라면 "최고존엄"의 순결을 위해서라도 극구 말렸거나 은밀한 다른 대안을 찾았을 것이다. 철저히 숨어 있어야만 정상인 내부 실권의 당 조직지도부가 김정일 사망 이후 황병서 군 담당 제1부부장을 군 총정치국장으로, 김원홍 총정치국 조직부 부국장을 국가안전보위부장으로 권력의 정면에 내세웠다. 이 두 개의 공개 직함이 북한 독재체제의 상징적 권력인 점을 감안할 때, 김정은 정권의 당 조직지도부는 김정일이 생전에 실권과 공개직으로 갈라놓았던 권력의 이원화 원칙을 심각하게 위반한 셈이다.

〔 3 〕
'효도정치'로 시작하여
'불효 권력'으로 끝나다

　북한의 당 연구에서 가장 이해가 안 되는 부분을 꼽으라면 첫 번째가 당 대회의 공백이다. 1980년의 6차 당 대회를 마지막으로 근 30년이 넘도록 김일성에 이어 김정일이 사망할 때까지도 당 대회는 재개되지 않았다. 일부 학자들은 북한이 1980년대부터 경제침체에 빠졌기 때문에 명분상 당 대회를 소집하지 못했다고 주장한다. 북한 정권은 그렇게 책임감이 있는 정권이 아니다. 300만 대량 아사의 비극을 겪고도 오히려 단 한 번도 실패하지 않고 항상 승승장구한다는 노동당이다.

　당 대회의 중단은 김정일의 개인 명령 지도 권한으로만 운영되는 유일 지도시스템의 과시이자 무엇보다 김일성-김정일 권력 갈등에 의한 비정상적 당 기능 축소의 결과이다.

　당 내규에는 당 총비서가 당 대회를 소집 제안할 수 있는 권한이 있다고 명시되어 있다. 상식적으로 생각하더라도 김일성이 위대한 당 총비서로 부각되자면 성대한 당 대회도 계속 이어가야 하는 것이 정상이다. 그런데 김정일의 후계 지위가 완성된 1980년의 6차 당 대회 이후 그만 중단되고 말았다. 그 1980년에 북한 공개매체는 처음으로 '영광스런 당 중앙'이란 표현을 썼다. 한국에서는 '당 중앙'이 김정일을 지칭한다고 하는데 '당 중앙'의 실제적 의미는 김정일을 조직비서로 하는 '당 조직지도부'를 뜻한다. '중앙당'은 말 그대로 각 지역 및 기관 당위원회들에 대한 중앙집권적 지도 권한을 갖고 있는 '조선노동당 중앙위원회'를 의미한다. '당중앙'은 그 '조선노동당 중앙위원회'에 대한 당 조직지도부의 집중적인 영도 권한을 강조하는 것이다.

북한의 일반 주민들은 '중앙당'과 '당 중앙'을 동일어로 보지만 '당 중앙'이 당 조직지도부의 대외 명칭이라는 사실을 중앙당 간부들은 내부적으로 잘 알고 있다. 1980년의 6차 당 대회는 사실상 김정일을 후계자로 공식화하고, 김일성 유일지도체제를 내세운 당 조직지도부의 중앙집권적 지도 권한 완성을 선언한 대회였다.

그 이후로는 당 대회 소집 권한을 갖고 있는 당 총비서의 권한이 실무 단계인 김정일의 당 조직지도부 권한에 막혀서 형식적인 의결기구조차 동원할 수 없었다.

1980년의 6차 당 대회를 전후로 북한 정권이 김정일의 후계자 자질 중 가장 큰 덕목으로 내세웠던 것이 바로 '효도정치'이다. 김정일이 김일성의 유일한 혈통이라는 점과, 누구보다 수령의 충신이라는 점을 동시에 강조한 선전 문구였다. 이는 북한 전체 주민을 한 가정으로, 김일성을 나라의 아버지로 둔갑시킨 주민 결속의 정신적 뿌리로 강요되었다. 김정일의 "효도정치"중에는 "누구보다 수령님의 긴 밤을 지키는 호위전사", "수령님의 현지 지도 노정을 사전에 답사 지도하는 충신", "수령님의 교시 집행 관철을 위해서는 잠을 자지 않는 불사조" 등 김일성 신격화 못지않게 김정일 우상화로 일관되어 있다. 이러한 선전문구들은 주민들에게는 감성의 벽을 두드리는 표현이겠지만 간부들에게는 당 조직지도부의 권력 진동으로 느껴졌을 것이다. 당 총비서는 국가를, 당 조직비서는 당 총비서를 지도한다는 엄포처럼 말이다.

1970년대 중반 김정일은 효도정치를 내세워 중앙당 내의 일개 부서로만 존재하던 '경호처'를 호위국으로 승격시켜서 당 조직지도부에 소속시켰다. 당 조직지도부가 '정치보위국'을 산하 부서로 쉽게 품을 수 있었던 것도 수령 보위와 직결시켰기 때문이다.

일각에서는 김정일이 호위국에도 근무했다고 주장하는데, 실은 호위국의 주인공은 김평일이었다. 당시 내각수상이던 김일성은 김정일을 당에서, 김평일은 군에서 권력 경험과 후계 경력을 쌓도록 했다. 김정일에게 밀린 김평일은 호위국 산하 521땅크 여단에서 군관으로 근무하다가 인민무력부 작전국 군관, 나중에는 외교관 신분으로 해외로 추방되었다. 당 조직지도부 산하 호위국은 1980년에는 호위총국으로, 1980년 중반에는 호위사령부로 발전했다. 이는 곧 김정일 주도의 당 조직지도부 권력이 커지는 발전과정이었고, 그럴수록 김일성은 근접 경호가 아닌 근접 감시를 받는 처지로 전락되었다.

내가 평양에서 만났던 조총련 출신의 어느 한 간부는 1990년 초반 김일성이 조총련 관계자들을 만난 자리에서 도청을 뜻하는 손짓을 하며 글로 쓰도록 했다고 증언했다. 김일성이 말년의 덕담을 주고받기 위해 항일투사들을 만나는 것도 사전에 당 조직비서의 결재를 받아야만 가능했다.

당 조직지도부의 또 다른 '효도정치'는 이른바 '카세트 보고서'이다. 김정일은 김일성의 업무 과로를 덜기 위해서라며 당과 내각의 모든 제의서가 당 조직지도부를 통해 당 총비서에게 보고되도록 제도화하였다. 당 조직비서가 당 총비서의 수고를 조금이나마 대신한다는 것이 그 명분이었다.

김정일은 1970년대 말부터 백내장 수술을 받은 김일성의 눈의 피로를 덜어준다면서 모든 부서들의 업무 보고서를 카세트에 녹음하도록 했다. 당 조직지도부는 김정일의 지극한 효심이 '읽는 보고서'가 아닌 '듣는 보고서'를 창안하도록 했다며 열광적으로 홍보를 했다. 심지어 소설을 좋아했던 김일성을 위해 북한에서 나오는 모든 장편 연재소설들도 카세트로 녹음하도록 했다.

내각 안의 각 성들은 상위 담당 중앙당 부서들로, 중앙당 각 부서장들은 당 비서들을 통하여 당 조직비서 앞으로 보고서나 제의서를 집중시켜 사실상의 김정일 유일 영도시스템을 고착시켰다. '조선노동당중앙위원회'의 '비서국'은 원래 당 총비서가 올바른 정책 결정을 할 수 있도록 다양한 이견과 조언이 종합되는 노동당 내의 최종 의결 기구인데, 김정일의 당 조직지도부가 그 기능을 독점했던 것이다. 결국 조직비서가 최종 승인한 정책 제의서는 당 총비서의 비준과 동일한 권한이 되었다.

그때부터 실무 권한 단계인 당 조직지도부에서 독단으로 만들어진 수령의 교시와 명령들이 북한 사회 전반에 김일성의 절대적 지침으로 하달되었다. 그 주도 부서인 〈조선노동당 역사연구소〉와 〈당 역사문헌 기록보관소〉는 당 조직지도부가 직접 주관한다. 그 은밀성을 감추기 위해 당 선전선동부 안에 〈수령교시 편찬과〉를 일반화시키는 방식을 취했다. 그리하여 북한 일반 주민들은 물론 간부들까지도 수령의 교시들은 단순히 당 선전선동부가 기록 정리하는 수준에서 전파시키는 것으로 착각하도록 했다. 그 행태는 현재 김정은 정권에서도 그대로 답습될 것으로 보인다. 과거와 다르다면 김정일처럼 전부 결심하고 책임질 수 있는 실무형 1인 독재자가 없다는 것이다.

북한의 정책은 이념체제 특성상 고려해야 할 부분들이 너무도 많다. 우선 수령 신격화 차원에서 3대세습처럼 지침 세습의 원칙을 어기면 안 된다. 예컨대 아무리 하찮은 동물 사료에 관한 지침이라도 과거 김일성, 김정일이 대대로 못 박았던 주체노선에서 탈선하면 그 자체가 수령 혼란, 주민 혼란이 된다. 특히 국책 전반에 남긴 위대한 수령 전통의 역사는 당 조직생활 안에서의 주입 세뇌로 주민들의 기억 속에 생생히 남아 있어 일관성이 중요하다. 지금 김정은 정권에서도 결코 김정은 개인의 독단적 권한에만 의존할 수 있는 북한 정책이 아니라는 설명이다. 선대 수령들의 위업으로 못 박은 자료와 문헌들을 보관하고 있는 실무 부서들에서 정책 제의서들이 새롭게 제기될 때마다 빠짐없이 비교 검토하여 완성시키는 수령 신격화 공동집단의 결과인 것이다.

절차가 어디 그뿐인가? 비준 하나하나가 수령의 위대한 역사로 기록되고 또 강제화 되도록 수령의 품위와 예의를 반영한 문장 구성이나 스토리도 탄탄해야 한다. 현지시찰 또한 김정은의 순발력과 지혜의 노정이 아니다. 미국이 북침 전쟁 연습을 하면 조선의 위대한 영장은 배짱 있게 아이들의 웃음을 찾아 야영소로 가야 하고, 국제사회가 인권문제를 제기하면 주민시설이나 경제현장도 방문해야 한다. 그 모든 수령의 대내외 스케줄도 제의서와 마찬가지로 감동과 승리의 다부작이 되도록 미리 기획되고 연출되어야 하는 것들이다.

이렇듯 김일성은 김정일이 완벽하게 준비한 수령 신격화 시나리오의 주인공이었고, 오늘날 김정은의 수령 행위도 그 경험자들의 발기와 재치로 구성된다. 김일성은 주석궁에 박혀서 김정일의 귓속말만을 들어야 했던 청맹과니였는데, 그 김정일의 역할을 지금의 당 조직지도부 노장들이 대신하는 셈이다.

실제로 김일성이 현지 지도를 가더라도 당 조직지도부의 근접 경호팀이 미리 답사하고 꾸며놓은 왜곡된 현실 속의 수령으로 되어야 했다. 그러다 보니 접견을 받은 사람들도 역시 선발되고 훈련된 배우일 수밖에 없었다. 애당초 당 조직지도부를 거치지 않고서는 그 누구도 김일성에게 함부로 접근할 수가 없었다.

인민무력부 대외사업국 부장으로 근무하다가 탈북한 최주활(현재 탈북자동지회 회장) 씨는 1987년 경 소련 국방부 대표단의 방북을 그 사례로 설명한다. 당시 소련 국방부 대표단의 일정과 숙소가 궁금했던 김일성은 자기의 군사 서기인 김두남(현 김영남 최고상임위원장의 동생)을 시켜서 근황을 알아보도록 했다. 숙소를 좀 더 품위 있는 곳으로 옮겨 주라는 김일성의 훈시 전화에 김정일은 당 조직지도부에 정보 유출 경위를 조사하도록 했다.

　최주활 씨의 직속 상관이었던 인민무력부 대외사업국 국장은 당 조직지도부의 보고체계를 어긴 죄로 해임되었다. 당 총비서의 군사 서기인 대장 김두남까지도 자격 정지를 당해 6개월이나 김일성 곁을 떠나야만 했다. 이는 수령에 대한 충성도 당 조직의 질서와 요구 안에서만 합법이라는 것을 북한 간부들에게 경고한 수많은 사례들 중의 하나이다. "열 걸음을 걷고 싶어도 당에서 한 걸음을 가라면 한 걸음을 가야 한다." 이것은 당 간부들이 목숨처럼 간직하는 김정일의 "명언"이다.

　당 총비서에 대한 당 조직비서의 무한한 '겸손'과 '복종'은 모든 것을 다 가진 권력의 침묵이었고, 김정일이 간부들을 숙청할 때에는 그 침묵은 입을 열고 행동하는 무자비함이었다. 김일성을 접견하는 중에 실언하여 귀신도 모르게 사라진 간부들도 적지 않다. 당 조직지도부의 훈시를 어겨서 수령께 조금이라도 심려를 끼친 자는 김정일의 "효도정치"의 증오 대상이 되었다. 김일성이 아무리 강변해도 중앙기관 국장급 이상 간부들만을 별도로 감시하는 당 조직지도부 '검열과'가 작성한 보고서 한 장이면 순식간에 반역자로 끝나버리게 되었다.

　국사 전반이 당 조직지도부에 빈틈없이 장악된 상황에서 김일성이 당 총비서로서 대외적으로 과시할 수 있었던 것은 인민경제 현장의 현지지도 권한이었다.

　김일성이 경제관료였던 김달현을 매우 아꼈던 것은 친인척인 이

유도 있었지만 그를 통해 얻은 지식으로 간간이 경제 개입을 할 수 있어서였다. 김달현은 김일성의 외가 쪽 5촌 조카인 강관숙의 남편이다. 김정일의 최측근들 중 한 명이었던 당 대외연락부장 강관주가 강관숙의 오빠이다. 김정일은 그 남매와 특별히 가까웠다. 김정일이 어렸을 때 계모인 김성애가 사는 제 집보다 외가친척인 강씨 집을 더 편하게 생각했다고 한다. 어느 면으로 보나 김달현은 김일성과 김정일의 사이에서 유일하게 바른 말을 할 수 있었던 권력가였다.

김일성은 88서울올림픽에 자극을 받아 인민경제대학 경제박사들을 주석궁으로 불러 회의를 했다. 그 자리에서 김일성은 박정희 대통령의 새마을운동을 연구해 보라고 했다. 그런 전향적 조치의 배경에는 정무원 부총리이자 국가계획위원회 위원장인 김달현이 있었다. 김달현은 김일성에게 대안의 사업체계는 일개 기업소의 행정에는 기여할지 모르나 국가경제 운영체제로서는 비합리적이라는 것을 솔직하게 말해 주었다.

대안의 사업체계는 한마디로 집단주의 정신에 입각한 북한의 경제관리체계이다. 대안의 사업체계는 크게 세 개의 기본영역으로 구성되어 있다. 첫째는 공장당위원회가 대중사상 교양과 동원에 의한 생산증대의 모든 책임을 진다는 것이다. 둘째는 통일적·종합적인 생산지도체계의 확립이고, 셋째는 공장과 근로자의 복지를 책임지는 후방공급체계 등이다.

김일성이 대안 전기연합기업소를 현지지도하는 자리에서 몇 마디 한 내용을 가지고 김정일이 김일성의 주체적인 자립경제 노선과 이론으로 정리하여 강제화한 것이다.

김일성을 세계 공산주의 지도자인 마르크스-레닌의 수준으로 올려놓자면 정치·경제·군사·사회·문화 등 전반에 능통한 이론의 수령으로 부각시킬 필요가 있었던 것이다. 사실상 김일성-김정일의 경제노선이어서 절대 개념의 국책으로 못 박은 것을 김달현이 조목조목 반박한 것이다.

김달현은 김일성에게 사회주의 동구권 국가들 중 가장 선진국이면서도 같은 분단국가인 동독경제를 따라가야 한다고 조언했다. 그리하여 김일성이 동독경제를 연구하도록 인민경제대학 교수들을 현지에 파견하기도 했다. 대표단은 귀국하여 김달현 주도의 중국식 개혁개방 논의를 벌이기도 했다. 김일성은 1992년에는 김달현을 단장으로 하는 경제 고찰단을 서울에 보내기까지 했다.

그런 김달현을 눈엣가시처럼 여겼던 김정일은 1993년 제3차 7개년계획 실패의 책임을 뒤집어 씌워 국가계획위원회 위원장직에서 해임했다. 김달현에게 동조했던 인민경제대학 박사들을 중국식 개혁개방 동조세력으로 몰아 정치범 수용소로 보냈다.

김일성이 사망하자 김정일은 김달현을 부총리 직에서 해임시켜 함흥 2.8비날론연합기업소 지배인으로 강등시켜 지방으로 추방했다. 김달현이 2.8비날론연합기업소 지배인으로 내려간 뒤에도 당의 자력갱생 정책을 비난했다는 이유로 국가 검열단을 내려보냈다. 김달현은 자신과 평소 앙숙관계였던 연형묵이 검열단 단장으로 내려온다는 소식을 듣고는 사무실에서 넥타이로 목을 매어 자살했다.

김달현이 반대했다는 당의 자력갱생 정책이란 김정일이 발기한 중소형 발전소 건설이다. 1996년부터 북한은 전력 해결을 위해 전국의 도·시·군, 심지어 직장들까지 자체 기술과 자재로 중소형 발전소를 건설하도록 지시했다. 이에 김달현은 기술과 경험이 축적된 전문공장에서 생산과 공급의 균형을 추구해야지 지방과 단위들에서 산발적으로 중소형 발전소를 만들면 오히려 자원의 엄청난 낭비일 뿐이라고 했다. 그러면서 차라리 외국에서 원자력발전소를 차관 형태로 들여와 전력난을 해결하는 편이 더 효율적이라는 제안을 했는데, 그것이 당 정책에 대한 정면 도전으로 문제되어 해임당한 것이다.

그렇듯이 김달현은 수령주의 이념만 지배되는 북한 안에서 수령의 친인척의 지위로 유일하게 경제논리를 주장했던 유능한 경제관료였다. 김일성이 김달현을 내세워 경제개혁을 시도하려고 했던 것도 내각에 대한 이념주의적 당 권한의 지배 기반을 바꾸기 위해서였다. 그래야만 김정일의 당 조직지도부 주도 권력도 분산시키고 당 총비서의 권위를 회복할 수 있기 때문이었다. 김일성은 경제개혁 주도권과 함

김일성이 카터 미국 대통령 특사와 대동강에서 배를 타는 사진

께 통일 분위기를 이용한 당 총비서 역할도 복원하려고 시도했다.

마침 북핵 문제가 제기되면서 외교적 돌파구가 절박한 시점에 지미 카터 미국 전 대통령과의 개인 면담이 성사되었다. 그 자리에서 김일성은 한국의 김영삼 대통령을 평양에 초청하겠다는 돌출 발언을 하게 된다. 남북정상회담이 대외에 알려져 기정사실화된 상황에서, 선전과 다르게 김정일은 내부적으로 통일에 대해 엄격하게 입단속을 했다.

김일성의 사망 날짜는 1994년 7월 7일이다. 그 마지막 날짜까지 김일성은 김영삼 대통령과의 남북정상회담을 준비하다가 사망했다. 당시 김일성이 얼마나 흥분해 있었는가를 보여주는 증거가 있는데, 그것은 김영삼 대통령의 평양 방문 후 답례로 서울에 가서 읽을 연설 원고문이었다.

"서울시민 여러분! 백두산의 김일성이 왔습니다."로 시작하여 "북조선은 주먹이 강하고 대신 남조선은 잘 산다. 이 둘을 합치면 우리 민족은 무서울 것이 없다. 나진·선봉·청진, 황금의 삼각주를 왜 남들에게 주겠는가? 남한에 개방한다"는 내용이다.

김일성의 그 자필 연설 원고는 유품과 함께 고려연방제 통일 업적 선전용으로 한때 금수산 기념궁전에 공개 전시되기까지 했다. 또한 〈4.15 문학 창작사〉에서 출간한 김일성의 마지막 7월을 주제로 하는 장편 소설에서도 구체적으로 소개되었다. 그 소설에선 김정일이 김일성에게 "백두산의 호랑이 김일성이 왔다"라고 수정하도록 부추기는 묘사가 있다.

그런데 실상은 정반대였다. 『김조실록』편찬 자료들 중 그와 비슷한 시기인 1994년 7월 초 김정일이 직접 주관한 당중앙비서회의 문서가 있다. 그 문서는 "지금의 정세 상황에선 조국 통일보다 사회주의 수호를 위한 실천적 발전 방안들이 더 모색되어야 할 때"라고 강조하는 내용들이다. 기록에는 없지만 그 회의와 관련한 뒷말도 섬뜩하다. 김정일이 불쑥 간부들에게 "사회주의가 더 중요한가? 통일이 더 중요한가?"하고 물었다고 한다. 어느 간부가 김일성 시대에 반드시 통일해야 한다고 대답하자 김정일은 대뜸 통일은 노망이라며 대노했다는 것이다.

그 상황과 정반대로 묘향산의 특각(特閣)에서 한국의 김영삼 대통령과의 남북정상회담에 열중하던 김일성은 1994년 7월 8일 심근경색으로 갑자기 사망하게 된다. 북한 조선중앙TV가 공개한 수령의 마지막 회의에는 내각의 각 성들이 참석했다. 철도상, 김복신 부총리 순서로 자리에서 일어나 발언하는 장면도 나온다.

김일성이 마지막으로 내각 회의를 주관하는 사진

김일성 사망 후 간부들의 입을 통해 전해진 그 회의 내막은 이렇다. 김일성이 나진-선봉특구 지구 개발과 관련한 철도 현대화를 역설한 후 김영삼 대통령이 평양에 오는데 6개월 내로 개성-평양 철도 정비 사업을 할 수 있냐고 묻는다. 철도상이 배급을 주면 가능하다고 하자, 그게 뭔 말이냐고 버럭 소리를 질렀다. 배급이 곧 사회주의인 북한에서 배급제가 이미 붕괴됐다는 엄청난 사실을 김일성은 그날 그 장소에서 처음 알았던 것이다.

김정일과 전화 통화 후 넋을 잃고 앉아 있는 김일성을 위로하기 위해 김복신 부총리가 일어나서 발언했다. 4·15일에 주지 못한 교복을 7월 말까지는 전국의 학생들에게 선물로 다 줄 수 있다는 내용이었다. 김일성은 자기를 걱정해 주는 사람은 김복신밖에 없다며 좀 쉬고 회의를 다시 하자고 하고는 침실로 갔다. 그러나 김일성은 회의를 다시 할 수 없었다. 그 사이에 회의에 참석했던 자들이 전부 당 조직 비서의 다급한 호출을 받고 평양으로 몰려갔기 때문이다.

당 조직비서의 전횡이 휩쓸고 지나간 텅 빈 특각에서 김일성은 홀로 심장을 부여안고 사망했다. 김일성이 말년에 얼마나 외로운 삶을 살았는지 잘 설명해 주는 또 다른 물증이 있다. 김일성의 유물이라며 북한 정권이 공개한 주석궁의 포대경이다. 당 선전 선동부는 그 포대경이 대성산 혁명열사릉에 안치된 항일빨치산 동지들의 반신상에 초점이 맞춰져 있었다면서 김일성의 위대한 동지애를 선전했다. "만약 내가 죽으면 대성산 혁명열사릉의 동지들 옆에 묻어 달라."던 김일성의 생전 유언도 공개했다.

죽어서라도 동지들과 함께 있고 싶다던 김일성의 유언은 지금도 금수산기념궁전 유리관 안에 외롭게 갇혀 있다. 김정일은 "효도정치"를 내세웠지만 그 내막은 "불효권력"이었다.

〔 **4** 〕
# 김일성, 김정일 비자금 부서의 역사

배급제가 붕괴되기 이전에는, 북한은 사회주의 계획경제 국가였다. 1960년대 말까지는 내각이 그나마 무난하게 이끌어 왔지만 3대 혁명소조 운동이 왕성해진 때부터는 전국의 공장기업소들에서 계획경제보다도 계획사상이 더 우선시되었다. 행정 간부들의 자질과 능력을 평가하는 기준은 주체사상이 되었고, 김일성주의가 투철하지 못한 자는 밤사이 귀신도 모르게 사라졌다. 인사권과 행정 결정권을 다 가져간 당의 영도로 가뜩이나 기가 죽어 있던 내각을 더 위축시킨 것은 김정일이 무리하게 추진한 수령신격화 사업들이다.

전국에 세워진 김일성 동상과 혁명 사적지들, 각 직장들에 의무적으로 설치하게 한 주체사상 연구실들과 김일성주의 혁명역사 연구실들에 의해 막대한 국고가 탕진된 것이다. 또한 김일성주의를 외부로 수출하기 위해 아프리카 나라들에 아낌없이 물량 공세를 해댄 것도 내각 붕괴의 결정타 중 하나이다. 그리하여 1970년대 중반부터 북한의 계획경제는 생산 이익이 생산 확대로 이어질 수 있는 경제 관점의 선순환 구조가 사실상 완전히 마비되었다. 무엇보다도 김정일이 계획경제와 별도로 수령이 임의로 가져다 쓸 수 있는 수령 개인 경제인 '8·9호 작업반'을 전국에 설치하도록 한 것이 내각 침체의 주된 원인이었다.

'8·9호 작업반'이란 일종의 수령 펀드 제도였다. 좀 더 설명하면 이렇다. 김일성이 어느 건설장을 현지 지도하면서 즉흥적으로 트럭을 보내주기로 약속하면 당은 수령 교시 관철의 무조건성을 위해 신속하게 바로 집행해야 한다. 그런데 수령의 교시는 원래부터 국가 계획경제에 포함된 물질 개념이 아니기 때문에 다른 생산 공정의 계획된 물량에 혼선을 초래하게 되는 것은 불가피하다.

수령이 한 번 이동하면 그 뒤로 반드시 따라가야만 하는 선물 정치 물량도 문제였다. 그것 또한 결국은 국가 계획경제에서 떼어내야만 하는 것들이었다. 김정일은 한 공장 안에 국가 계획생산과 별도로 수령경제 생산 기지를 두게 되면 국가 계획경제의 균형이 어느 정도 유지될 수 있을 것으로 예상했던 것 같다. 그리하여 전국의 공장과 농장들에 당 총비서 선물 기지인 '9호 작업반', 중앙당(사실상 당 조직비서 명의) 선물 기지인 '8호 작업반'을 설치하도록 하었다. 수령에 대한 충성이 당원의 최고 양심이어서 당연히 생산의 최고 품질은 수령의 선물 계획경제인 '8·9호 작업반'들에 집중되었다. 위에서 내려온 간부들도 국가 계획경제보다 수령의 선물 계획경제의 결과를 놓고 당원들의 충성도를 평가했다. '8·9호 작업반'들은 공장 안의 소수 작업반이 아니라 공장 안의 특권 작업반이 되었다. 그 바람에 내각 산하의 모든 공장들에서는 생산의 균형이 다 깨어지고 말았다.

　　반면에 김일성, 김정일의 '위대성'은 더 '위대'해졌다. 김일성의 교시는 불가능도 현실이 되었고, 김일성이 가는 곳은 신의 선물이 가는 곳이 되었다. 주민들은 자기들이 왜 점점 더 가난해지는지 그 이유도 알지 못한 채 울면서 만세를 외쳤다. 수령의 존엄은 어느새 선물과 정비례하였다.

　　전국의 '8·9호 작업반' 생산품들은 국가 계획경제를 밀어내면서까지 완성시킨 국내산 최고 품질들이었지만, 김정일은 김일성의 선물 목록을 수입산으로 대체하기를 원했다. '위대한 수령'만큼이나 선물도 단연코 세계 으뜸이어야 했던 것이다.

　　그 목적으로 1970년대 말 당 내부적으로만 비밀리에 만들어진 것이 '38호실'과 '39호실'이다. '8·9호 작업반'의 연장선에서 행운의 숫자 3이 더 추가된 '38호실'은 김정일의 외화금고, '39호실'은 김일성의 외화금고로 출범했다. 김일성이 상징적인 수령이고, 김정일은 비공개적인 실권자이듯이, '39호실'은 외교관계에 있는 나라들과의 합법적인 외화벌이를 전담하고, '38호실'은 재일 조총련 자본과 비즈니스 영역을 기반으로 외교관계가 없는 나라들과의 거래를 담당했다. 김대중 정부가 들어서면서 시작된 남북경협의 사업 주체를 북한이 당 내부적으로 '38호실'로 선정한 것도 남한과의 비합법적인 관계 때문이다.

　　주로 사회주의 나라들을 상대하는 김일성의 '39호실'보다도 자본주의로 침투하는 김정일의 '38호실'이 가져오는 선물은 월등히 좋았다. '39호실'이 양(量) 위주라면 '38호실'은 질(質) 위주여서, 김일성의 선물은 주민용, 김정일의 선물은 간부용이 되었다. 외화나 고급 외제

물품이 필요하면 김일성도 김정일에게 부탁해야 할 정도였다. 주민들이 이용하는 시장은 배급제가 붕괴된 1990년대 중반부터 시작되었지만, 권력층의 시장은 이미 1970년대에 구축되었다. 그 발단은 사실 한국과 경쟁하기 위하여 1970년대 초에 일본이나 유럽으로부터 무리하게 차관을 끌어다 쓴 데 있다.

1970년대 중반 일본으로부터 채무상환 압박이 커지자 김정일은 조총련 기업들의 돈을 먼저 가져다 쓰고, 그 대가로 '조국 특혜'를 약속했다. 북한이 조총련 상공인들을 키워준다며 그들 기업과의 합작, 합영을 시작한 것이 바로 그 시기이다. 북한 측의 파트너로는 주민들이 절대 알아서는 안 될 김정일의 비자금 조달 기지인 38호실이 되었다. 그것을 계기로 수령 선물의 명품화가 본격화되었다.

1980년 6차 당 대회에서 6천 명의 대표자들에게 일본산 TV와 냉장고를 공개적으로 선물한 것은 수령 선물의 국산화 종말 선언이나 마찬가지였다. 그때부터 날이 갈수록 계속 특별해야만 하는 수령 선물은 외국 명품으로 고착되었고, 그것을 수입하는 데 필요한 외화를 조성하는 '38호실'과 '39호실'은 그 어떤 특권층보다 더 특권을 가졌다.

북한에서 한번 수령은 영원한 수령이듯이, 그 설대적 범주 안에서 한번 만들어진 것은 영원한 생명력을 가진다. 이미 존재가치를 상실했음에도 불구하고 전국의 '8·9호 작업반'들은 수령의 선물 계획에 사용될 완제품의 상징성으로 계속 남아있었다. 심지어는 '38호실'과 '39호실'의 외화 원천이 되는 금·석탄·광물 등의 지하자원 영역으로까지 확대되었다. 그 통에 내각은 원자재부터 완제품까지, 그리고 외화 및 무역 권한도 수령 개인 경제에 다 빼앗기는 막다른 궁지로

몰렸다. 명색만 국가기구의 내각일 뿐, 행정의 독립성은 당 경공업부
에, 수출과 수입은 수령의 선물을 주도하는 부서인 38호실과 39호실
에 빼앗겼다.

1980년대 중반에 오면 내각의 재정 능력은 노동당의 일개 부서인
재정경리부보다 못하게 된다. 이는 국가계획 인민경제에서 '8·9호
작업반'의 수령 신격화 계획경제로, 거기서 또 '38호실'과 '39호실'의
수령 개인 경제로 북한의 국력을 철저히 사유화한 결과였다. 주민의
이익이 아니라 수령의 이익만을 계산하는 김정일의 경제관념은 매우
즉흥적이었다. 1984년에 남한이 수해 피해를 입었을 때 북한이 막대
한 구호물자를 보낸 것이 그 중의 한 예이다. 김일성을 민족과 통일
의 구심점으로 선전하려고 벌여놓은 그 한 번의 대남 지원이 북한의
국가계획 인민경제에는 몇 년의 공백과 맞먹는 엄청난 물질적 피해
를 주었다. 그 연장선에서 김정일은 서울 88올림픽에 대응하여 89년
세계청년학생축전을 또 무리하게 추진한다.

1984년 북한 적십자사가 지원한 남한수해 피해 지원물자

외화 대신에 물물교환의 혜택을 가져다주던 사회주의 동구권 시장까지 붕괴되면서, 1993년에는 아예 국가라는 말이 부끄러울 만큼 재정은 거덜이 나버렸다. 사회주의의 마지막 자존심이었던 배급제의 붕괴는 북한경제의 아사(餓死)이자 내각의 아사였다.

그런데도 북한은 붕괴되지 않았다. 적게는 100만, 많게는 300만이나 되는 주민들이 목숨을 잃었는데도 김정일은 그 실패한 정권을 또 다시 자기 아들에게 버젓이 넘겨주었다. 그 여러 가지 이유들 중에 경제적 측면만을 분석한다면, 아이러니하게도 배급제의 붕괴에 있다.

배급제는 주민에 대한 정권의 책임인데, 현재는 그럴 필요가 전혀 없어진 것이다. 1990년대 중반의 대량 아사는 식량보다도 시장이 없었기 때문이다. 가난을 사고팔 수 있는 최소한의 주민 공간이라도 있었다면 그렇게까지 무기력하게 집단아사 당하는 일은 없었을 것이다. 배급 능력이 상실된 북한 정권은 별 수 없이 방임적 시장을 허용

북한의 장마당 사진

할 수밖에 없었다. 그렇게 등장한 자생적 시장이 나중에는 정권과의 대립적 시장으로 발전하였다. 좀 더 정확하게 말하면, 정권과 시장과의 대립적 공생관계가 형성된 것이다.

역사 왜곡으로 일관된 수령 신격화의 적(敵)은 진실의 창구인 개혁·개방이다. 그 상황에서 북한 정권의 유일한 탈출구는 '권력의 경제화'이다. 내부 시장을 허용하는 대신 대외무역 권한을 기관이 독점하는 방식이다. 당연히 당, 군, 국가안전보위부와 같은 특권 기관들이 시장의 이익을 우선 나눠 갖는다. 과거 38호실이나 39호실에만 국한되었던 황금알을 낳는 무역 권한이 오늘날 주로 특권층과 그 자녀들에게로 분산된 것이다.

북한의 그 자본 특권층은 의외로 상당한 역사를 갖고 있다. 1970년대부터 이미 시작되었다. 조총련 재일 교포 기업들을 합작기업으로 국내에 끌어들이면서 그 친인척이나 후손들에 대한 특혜로 출발한 것이다. 그들에게만 허락된 자가용차 소유와 외화 사용은 사회주의 안에서의 자본주의 합법 공간을 만들어냈다. 나중엔 김일성, 김정일의 외제 선물정치와 내각경제 붕괴가 겹치며 극소수 자본특권층의 합법 영역의 확대를 더 부추기게 되었다. 그 결정적인 동기가 바로 〈외화바꾼 돈표〉의 출현이다.

〈외화바꾼 돈표〉는 서울 올림픽에 대응하여 북한이 주최한 1989년 세계청년학생축전의 축제용 외화 대용 화폐이다. 그전까지 북한에서 외화를 쓸 수 있는 곳은 단 세 곳뿐이었다. 평양시 중구역에 위치한 낙원백화점, 대동강구역 문수동의 대외봉사총국, 평양시 동대

북한 외화바꾼돈표 1원의 앞 뒤 사진

원구역의 외교단사업총국이었다.

북한에서 자본주의 화폐인 달러나 엔은 불법이어서 평양 주재 외교관들과 재일 교포들에게만 쇼핑 증명서를 발급해주고 운영되던 외화상점이다. 그 외 김정일의 직접 비준으로 발급된 선물용 외화수표 소유자들인 북한 특권층들도 주고객이었다.

초기 정권이 책정한 〈외화바꾼 돈표〉와 달러와의 환율 차이는 2:1이었다. 1달러에 〈외화바꾼 돈표〉 2원을 바꿀 수 있었다. 색깔만 다를 뿐 도안이 같은 북한 원화에 〈외화바꾼 돈표〉라는 조선중앙은행 명의의 도장이 박혀 있었다.

〈외화바꾼 돈표〉는 인쇄부터 예금 및 대출까지 김정일의 여동생 김경희가 운영하는 통일발전은행에서 관리했다. 낙원백화점에 이어 대성백화점, 룽라백화점 등 평양 시내 외화상점들이 급속도로 늘어나게 된 것도 바로 〈외화바꾼 돈표〉의 유통망이 형성되면서부터이다. 통일발전은행은 비록 소규모이긴 했지만 북한에서 유일하게 처음으로 해외은행과 신용거래를 인정받은 최초의 글로벌은행이기도 하다. 일본 조총련 산하 조선신용조합에서 들여온 6억 달러 상당의 엔화가 은행의 신용담보 자금이 되었다.

서울올림픽이 돈을 번 축제였다면 '세계13차 청년학생축전'은 빚진 잔치였다. 축제의 실익도 문제였지만 시작부터 과정까지 김부자(父子) 신격화에 초점을 맞추어 그 어느 주최국보다도 그 손해가 더 컸다. 조총련 투자자금의 회수를 위해 북한 정권은 13차 청년학생축제용으로만 한정시켰던 〈외화바꾼 돈표〉를 그 이후에도 계속 허용했다. 그러나 이미 그때는 달러와 〈외화바꾼 돈표〉와의 환율 차이가 1대 100으로 벌어져 있었다.

인플레를 가중시킨 또 다른 요인은 김정일의 선물정치였다. 김정일의 이름을 담보로 통일발전은행에서 〈외화바꾼 돈표〉를 꺼내 신격화 사업들에 탕진했다. 자기 생일 때에는 측근들에게 몇 묶음씩 마구 선물하기도 했다. 그때마다 환율 격차가 눈덩이처럼 불거져 나중에는 〈외화바꾼 돈표〉의 가치가 정권 관리에서 벗어나 개인들의 밀거래에 의해 함부로 규정됐다. 하루에도 몇 십 원씩 널뛰는 환율변동에 도저히 가격 타산을 맞출 수 없었던 외화상점들에서는 〈외화바꾼 돈표〉를 거부하게 되었고, 이는 화폐의 가치 폭락을 더 부추겼다. 결국 2:1로 시작된 달러와 〈외화바꾼 돈표〉는 대량 아사가 절정에 달했던 1997년쯤 7000:1로 벌어지다 못해 끝내 휴지조각이 되어 사라지고 말았다. 그 피해는 고스란히 조총련의 몫으로 돌아갔다.

훗날 조총련의 금융창고였던 조선신용조합이 붕괴되자 일본 경찰이 수사에 나섰고, 재산환수 차원에서 조총련 본부 건물도 일본정부 출자의 주식회사 정리회수기구(RCC)에 압류되어 경매처분 대상이 되어버렸다. 1997년의 〈외화바꾼 돈표〉의 실종은 조총련과 북한에 거주한 재일교포 사회 전반의 몰락을 가져왔다. 또 그때부터 북한 시장 안에서의 공개적인 달러 유통 역사도 시작되었다.

그러면서 자본 특권층에도 큰 지각변동이 일어났다. 엔화 소유자들인 조총련 친인척들을 밀어내는 달러 축적의 신 자본 특권층, 즉 북한 토종 출신의 권력형 자본가들이 출몰한 것이다. 이념 강성의 북한 체제 안에서 다른 계층도 아닌 특권층 자녀들의 무역 경쟁이 활발할 수 있었던 것은 그 선두에 해외파견 대남공작원들의 자녀들이 있었기 때문이다. 사실 그 인원은 많지 않았지만, 그 소수는 대남공작원들의 가족 보호를 위해 북한 정권이 은닉한 자본주의 기업가들이자 상속자들이었다. 그들은 남산 고급중학교에서 특권층 자녀들과 함께 성장하며 충성 철학이 아닌 자본 철학의 전파자 역할을 했고, 북한정권이 고난의 행군을 선언하자 더는 이념이 아닌 물질 중심의 외화 특권 그룹을 발족시키는 데 기여했다.

그 소수 특권자들 몇 명을 사례를 들어 설명할까 한다. 대남공작원 가족 중 대표적인 인물은 손건화이다. 손건화는 1953년 10월 19일 생이다. 평양시 대성구역 미산동에서 태어났다. 그의 아내 이해순은 1957년 6월 28일생이고 조선인민군 협주단 무용배우 출신이다. 내가 손건화를 개인적으로 잘 알 수 있었던 것은 2경제 99호총국 무역대표(북한 2경제 군수산업 수출총국)였던 친척을 통해서이다. 손건화의 아버지는 내가 탈북하기 전까지 마카오에서 생존하고 있었다.

6.25전쟁 이후 김일성은 남북 분단 장기화에 대비하여 손건하의 아버지에게 당시 미화 24만 불을 주어 마카오로 파견했다. 카지노와 호텔로 큰돈을 벌어들인 손건하의 아버지는 북한 3호청사(중구역 창광동에 위치한 노동당중앙위원회 청사들과 별개로 당 대남공작부서들은 모란봉구역 전승동에 밀집되어 3호청사라고 부른다.) 역사상 가장 성공한 해외파견 정착 사례로 평가받고 있다.

그에게는 2남 1녀가 있었는데 북한의 인질 정책에 의해 장남 손경철만 마카오에 데리고 나갈 수 있었다. 사회주의 동구권이 붕괴되고 조총련 기업 수탈의 길도 막히게 되자 김정일은 과거 김일성이 파견했던 해외공작원들의 해외기업들에까지 눈독을 들이게 된다. 그리하여 기업들의 개인상속이 아니라 상부의 명령상속 통지를 하게 된다. 이에 반기를 든 해외공작원들이 김일성에게 하소연하는 편지를 보내게 된다. 그러자 앞장서서 반발하던 해외공작원이 암살되는 사건이 일어나면서 주춤하는 가운데 제일 먼저 상부의 명령상속을 실천한 사람이 바로 손건화의 아버지였다.

그는 많은 외화를 김정일에게 헌금하고 장남이나 막내아들이 아니라 북한 당조직부에서 정략 결혼시킨 압록강대학 출신의 대외연락

부 공작원 사위를 자기 기업의 후계자로 선정하게 된다. 그러나 후계
자로 선정된 사위가 마카오 조직폭력배로부터 암살되는 사건이 발생
하면서 그 배후로 의심되는 장남 손경철은 1995년경 평양으로 긴급
소환되게 된다.

김정일은 손경철이 마카오 사업에서 손을 떼고 모든 인맥과 활동
영역을 3남 손건화에게 넘겨주는 조건으로 대신 북한에서 비즈니스
를 마음대로 할 수 있는 특권을 주게 된다. 그리하여 기관은 토지를,
개인은 돈을 내고 개인과 기관이 4:6으로 이익을 나누는 방식의 건
설업은 손경철이 맨 처음 시작한 것이다. 부동산 개인소유가 법적으
로 금지된 사회주의 북한에서 한 가구당 5만 달러로 판매된 그 첫 고
급 아파트가 현재 조선컴퓨터센터 앞에 위치한 평양시 만경대구역
선내동 5반이다.

내가 탈북할 때 당시 2004년까지 손경철은 그 아파트의 8층과 9
층을 통째로 개인 저택으로 사용하고 있었다. 이렇게 해외공작원이
수십 년 동안 만들어 놓은 회사를 통째로 가로챈 김정일은 그 후계자
로 북한에서 교육받은 손건화를 임명했다. 손건화는 중앙당 부부장
급에 해당되는 당 대외연락부 77호실 실장이다. 77호실은 북한 정권
이 체제유지를 위해 비밀리에 생산 판매하는 마약 전담 부서이다. 손
건화의 아버지가 마카오에서 일구어 놓은 사업이 어둠의 세계라는
카지노여서 그와 연관된 사업의 마약 총책으로 임명한 것이다. 77호
실의 대외 명칭은 '류경회사'이고, 건물은 평천구역 대외보험총국 옆
에 있다.

손건화의 아내 이해순은 처음에는 가정주부였다. 그런데 남편이

미모의 남산 정부진료소 간호사와 동거한 사건을 계기로 외화벌이 회사를 직접 차리게 되었다. 처음에는 창광 외국인숙소 가라오케로 시작했다. 그 후 낙원백화점, 대성백화점 등 정권 차원에서만 합법이던 외화백화점 운영체제를 깨고 북한 최초로 평양시 중구역 창광동에 개인 명의의 백화점인 '서경상점'을 열었다. 그 '서경상점'을 시작으로 평양시 보통강구역 신원동에 '설봉봉사소', 평양시 북새동에 '개선상점' 등 여러 지점들을 연이어 개업했다. 남편은 마약 판매, 아내는 생필품 판매를 주도하는 북한판 재벌인 것이다.

남산 정부진료소 간호사 출신인 손건화의 정부는 내가 탈북하기 전 류경회사 부사장으로 임명됐다. 2000년 손건화는 홍콩에서 마약 업자들을 초청하여 신식 생산설비들을 보여주고 계약하는 데 성공했다면서 1인당 한 끼 식사로 2천 불을 사용했다고 푸념한 적도 있다.

손건화의 동창 중에는 역시 해외 파견 공작원 거부의 아들인 이병서가 있었다. 이병서는 1954년 12월 15일 생으로 평양시 모란봉구역 개선동에서 출생했다. 아버지가 프랑스에 파견되어 의료계통의 기업을 만드는 동안 혁명열사 가문의 고아로 분류되어 남포새날학원에서 다녔다. 이후 김일성의 지시로 남산 고급중학교를 거쳐 평양외국어대학교 프랑스어과를 졸업했다. 그의 아내 이름은 주순복이다. 1955년 10월 18일 생이고 고향은 강원도 원산시 명석동이다.

이병서는 최룡해 밑에서 김일성사회주의청년동맹 은별무역관리국 국장으로 일하면서 평양 세계13차 청년학생축전의 이권을 거의 독점했다. 이병서는 술자리에서 김정일의 신임을 받는 최룡해가 있어서 자기 회사가 중앙기관 규모의 무역관리국으로 허가를 받을 수 있었다며 크게 자랑한 적이 있다. 그러나 이병서는 최룡해가 자강도 농장원으로 해임 추방될 때 이른바 "김일성사회주의청년동맹사건"의 주범 중 한 명으로 구속되었다. 당시 국가안전보위부가 이병서의 집을 가택수색 했을 때 나온 미화만 2천만 불이 넘었다. 내가 한국으로 오기 전까지 이병서는 북한의 무역계에서는 처형된 것으로 알려져 있었다.

그 전말을 어느 언론사에 기고했었는데, 어느 날 갑자기 나에게 전화 한 통이 걸려왔다. 본인을 서울에 사는 이병서의 조카라고 소개해서 나는 크게 놀랐다. 실제 만나보니 삼촌과 닮은 점이 많았다. 조카는 미국에서 삼촌을 만난 적이 있다면서 통일이 되면 자기에게 건물을 하나 사주겠다고 약속했다는 옛말도 털어놓았다.

훗날 고위 출신 탈북민으로부터 나는 뜻밖에도 이병서가 살아 있다는 소식을 접하게 됐다. 해외파견 공로자인 아버지 덕에 이병서가 교화 3년으로 용서를 받았고, 김정일 지시로 미화 2천만 불도 아버지의 상속재산으로 인정되어 고스란히 돌려받았다는 것이다. 그의 복귀를 뒤에서 주도한 사람이 장성택이다.

이병서는 장성택 신하 사회안전성 정치국 금별99총회사 사장으로 임명되었고, 장성택 처형 이후에도 계속 근무 중이라고 한다. 정치보다 돈이 더 권력화 된 북한의 실상을 그대로 보여주는 대목이다. 그 자본 특권층이 아니었다면 북한은 고난의 행군도 넘기지 못했을 것이다. 식물내각은 물론 김정일 비자금 부서들인 당 38호실과 39호실마저 전전긍긍할 때 손건화, 이병서를 앞세운 자본특권층이 사실상 북한의 시장가격을 주도했다. 이른바 3경제로 통용됐던 그 자본

특권층에는 이종옥 부주석의 아들 이찬을 비롯한 고위 간부들의 자녀들과 이수남 같은 재일교포 큰손들이 포함됐다.

1971년 2월 8일생인 이수남은 평양음악무용대학에서 피아노를 전공했다. 이수남의 할아버지는 재일 조총련 조선신용조합의 최대 주주이자 실제적 관리자였다. 그 손녀인 덕에 이수남은 대학 등교도 자가용 벤츠 s500을 타고 다닐 정도였다. 심지어 연중 6개월은 일본을 자유롭게 여행하는 특권도 가졌다. 그녀는 대학을 졸업하자마자 고려호텔 지하에 '민족식당'을 개업했다. 1996년 9월 10일에는 재일교포 개인이 투자 운영하는 평양 보링관 주인의 아들인 신주원과 결혼을 했다. 1969년 3월 6일생인 신주원의 고향은 남포시 강서구역 문화동이다. 문학예술종합출판사 산하 회사를 운영하다가 나중엔 평양 보링관의 실제적 운영자로 옮겨 앉았다.

그들 외에도 장성택 형 장성우(수도방어사령부 사령관) 딸인 장미영(평양음악무용대학 피아노과 졸업), 오극렬의 아들 오세욱, 북한골프협회 회장 딸 정순영(평양음악무용대학 피아노과 졸업), 리을설(호위사령관) 국가원수의 맏사위 박철, 당조직부 군사담당 제1부부장 리용철의 맏딸 리영란 등도 자본특권층의 구성원이었다.

그렇게 내가 개인적으로 알 만한 사람들이 두루두루 소속된 자본특권층 그룹이어서 나는 그들의 모임에 몇 번 구경갔던 적도 있었다. 그들은 일주일에 한 번씩 평양시 평천구역 내 보통강호텔에서 모임을 자주 갖고 시장 현황을 분석하며 물가, 수입 및 판매 권한과 가격을 결정했다. 예컨대 식용유 값이 내렸다 하면 수입을 보류했고, 밀가루 값이 더 오를 때까지 창고를 열지 않도록 합의했다.

내가 탈북 후 그 모임에 대해 한국의 어느 중앙일간지 기자와 인터뷰를 한 적이 있었다. 그런데 기사가 나온 것을 보니 엉뚱하게도 그 모임의 실체가 북한판 '태자당'인 '봉화조'로 둔갑되어 소개되었다. 북한 특권층만 치료받는 전문병원인 '봉화진료소'에서 영감을 얻어 기자가 제멋대로 붙인 별칭이다. 나중에는 한 등급 아래 간부 전문병원인 '남산정부진료소'와 '남산고급중학교' 연상으로 '남산조'까지 등장시키는 한국의 언론 행태를 보고 씁쓸했다. 지금도 한국의 북한학계와 정부 공식자료에서까지 '봉화조'가 자주 언급되는데 어불성설이다. 북한에선 그렇게 사조직 명칭까지 들먹이며 결집력을 보이는 순간 그가 누구라도 가차 없이 종파세력으로 몰려서 처참한 죽임을 당한다. 실제로 자칭 '3경제'를 자처하며 빈번히 모임을 가졌던 그 자본특권층 그룹은 국가안전보위부에 이어 당 조직지도부까지 나서서 요란하게 소란을 피우는 바람에 자동적으로 해산됐다. 그 구성원들 중에는 심지어 해임되거나 안기부 돈을 받았다는 엄한 누명을 쓰고 처형된 사람도 있다.

그렇게 사회 양극화로 치달은 고난의 행군 시기 시장 확대와 함께 북한에 대한 달러의 지배력은 더 강화됐다. 상품의 국산화가 거의 공백 상태인 북한으로 중국 상품들이 쏟아져 들어왔고 그 대신에 북한의 원화를 먹은 달러들이 중국으로 빨려 들어갔다. 〈외화바꾼 돈표〉와 마찬가지로 150:1로 시작한 북한 원화와 달러와의 환율 차이는 2009년 초에는 4천:1까지 벌어졌다. 월급이 2천 원인 북한의 보통 근로자의 경우 40만 원이 있어야 100달러를 손에 쥘 수 있는 형편이 되었다.

북한 정권에 있어서 미국은 이념의 적이기도 하지만 화폐의 원수이기도 하다. 결국 시장가격을 인정할 수밖에 없었던 북한 정권은 2000년 7.1조치 발표와 함께 시장가격을 반영한 임금평가를 단행했다. 독재를 만능으로 생각했던 김정일은 임금을 시장가격에 맞추는 것과 동시에 시장을 억제하면 화폐가치를 지킬 수 있다고 착각한 것이다. 그러나 이미 물질 중심으로 고착된 시장은 김정일보다 더 강한 권력을 갖고 있었다. 더구나 수입 對 소비라는 불균형적 경제구조여서 찍어낸 원화만큼 상품가격이 천정부지(天井不知)로 뛰어올랐다. 강권으로는 외화 암거래 시장을 차단할 수 없음을 절감한 북한 정권은 2001년 모든 시장에 정식 외화 환전소를 설립하게 되었다. 이는 김정일이 처음으로 자기 독재의 한계를 느낀 울분의 날이기도 할 것이다.

암시장의 환율을 북한의 조선 중앙은행은 계속 억눌렀지만 결국 며칠이 채 되지 않아 포기하고야 말았다. 이유는 단순했다. 북한에 상품을 대주는 중국 상인들이 왜 북한 정권에 달러를 빼앗기려 하겠는가. 외부에 의해 시장 상품가격이 책정되고 또한 화폐가치도 규정되는데 생산의 국산화를 전혀 갖추지 못한 북한 내각이 무슨 힘으로 중국인들을 이길 수 있겠는가. 북한 정권이 위조 달러를 북한 무역회사들에 의무적으로 교환, 반납하도록 일괄 공급한 것도 어찌 보면 외화시장의 신용을 허물기 위한 비상대책일지도 모른다. 당시 김정일의 비자금 관리 39호실 산하 대성은행에는 위조화폐가 가득 쌓여 있었다. 미국 정부가 위조 달러를 북한 정권 차원의 특급범죄로 문제 삼으며 대외판로가 갑자기 막혀버린 탓이다.

그러자 수퍼 노트를 처리할 수 없었던 북한 정권은 모든 무역회사들에 위조달러를 지급하며 2:1로 바꾸어 반환하도록 지시했다. 위조 달러 10만 달러를 공급했다면 그 대신에 진짜 화폐 5만 달러를 갖다 바쳐야 대성은행과의 거래를 할 수 있도록 했다.

한편, 온갖 명목의 금융 검열 및 관리 제도를 신설하여 모든 무역회사들이 달러를 자사 금고에 보관할 수 있도록 압박하기도 했다. 힘없는 북한 무역회사들은 중국에 외화를 보낼 때 몇 장씩 섞어 넣어 보내는 방식을 선택했고, 권력기관들은 해외에서 브로커를 직접 찾아 돈세탁을 했다. 그리하여 북한의 위조달러 유통 범죄가 국가의 관리를 벗어나 사회 일반범죄로 확산됐다. 보다 심각한 문제는 국외로 반출되기 힘든 위조화폐가 국내시장에서 거래되면서 취약하기 그지 없는 북한의 외화금융 유통시스템까지 위협했다는 것이다. 환율 방어 능력이 전혀 없는 북한은 외화 침략에 시달리고 위조달러에 또 무너져 결국 2009년 말 화폐교환을 단행하게 된다.

북한 정권의 위조화폐 범죄를 가장 잘 아는 나라는 직접적 피해 국가인 중국이다. 그래서 미국의 금융제재에 적극 동참하여 김정일에게 우회적인 경고와 압력을 행사했을지도 모른다. 북한이 방코 델타 아시아은행에 대한 미국의 금융제재에 강하게 반발한 것은 단순히 거기에 예치된 2,000만 달러 때문이 아니다. 그것으로 인한 북한 내 달러 가치의 폭등과 시장불안이 정권을 내부적으로 강력히 위협했기 때문이다.

현재 북한 정권을 마지막으로 버티게 하는 힘은 권력경제이다. 그들에게 주는 무역특혜의 대가나 기관경제 세금, 충성자금 강요가 오늘날 수령 선물정치의 주된 원천이 되고 있다. 그러나 그 선물정치가 김정은의 리더십으로 이어지지는 못한다. 시장에 완전히 밀려난 수령의 선물정치의 가치가 폭락했기 때문이다. 시장이 없을 때에는 북한에서 나오지 않는 귤 선물 박스도 정말 온 동네의 자랑거리였다. 그러나 지금은 달러만 있으면 시장에서 무엇이든 살 수가 있다. 수령에 대한 충성이 아니라 달러에 대한 충성 시대가 된 것이다.

상위 기관들은 권력을 팔고, 하부 기관들은 하다못해 업무와 관련된 소규모 무역이나 개인에게 건물을 임대하는 방식으로 기관을 유지한다. 도매시장은 '기관경제', 소매시장은 '개인경제'로 엄격히 분리시켜 정권의 시장가격 통제 기반을 확보하였고, 그 시장 장악력이 배급제를 대체 중이다.

실정이 이런데도 아직까지 외부세계는 북한 시장을 주민 공간으로만 본다. 지금은 기관과 개인이 시장 안에서 서로 손해를 보거나 이익을 보면서 함께 공생한다. 그러면서 기관과 개인의 사적 가치가 궁극적으로 수령주의라는 구태와 다양한 방식으로 충돌해 나가고 있는 중이다.

나는 미국 〈뉴욕타임즈〉 지에 기고한 칼럼에서 정권 심리가 아니라 시장 심리로 북한을 다루어야 한다고 강조했는데, 그 이유도 바로 여기에 있다.

# 〔5〕
# 김일성의 권한을 대신한
# 김정일의 3대 비준정치

김정일이 생존 시 외부세계는 참으로 다양한 가설들을 쏟아냈다. 그 중에서도 내가 가장 황당했던 것은 '강온파' 대립설이다. 김정일 정권에서는 턱도 없는 소리이다. 그때는 '강온파'가 아니라 '강강파'만 존재했다. 수령에 대한 충성도 적에 대한 증오도 누구보다 더 강경해야지 만약 남보다 조금이라도 온화하면 기회주의, 투항주의, 배신주의로 몰릴 수 있기 때문이다. 지나치게 강경하다면 과잉 충성일 수도 있지만, 온화함의 결과는 의심 그 이상이 되는 것이다.

대인관계가 중시되는 국가라면 외유내강(外柔內剛)이어도 무방하겠지만, 북한 간부들의 대인관계는 수령 한 사람뿐이기 때문에 외강내유(外剛內柔)여야만 살아남을 수 있다. 그래서 북한 간부들은 자기 개인 권한의 업무 결정에는 극도로 온화하다. 수령 유일지도체제는 북한의 간부들에게는 일종의 책임회피 시스템이다. 한번 당 간부가 되면 본인은 물론 그 혜택을 자녀들에게까지 대를 이어 물려줄 수 있

는 출신 성분 사회인지라 간부들 전부가 자기보호 본능에 길들여져
있다.

그래서 북한 간부들이 제일 잘하는 일은 제의서로 만들어 그냥
위로, 또 위로 올리는 것이다. 일했다는 증거도 되지만, 무엇보다 김
정일의 변덕에 대비하기 위한 예방책이다. 뒤늦게 알게 된 사소한 일
을 가지고도 간부들에게 책임을 떠넘기기 위해 김정일이 격노하는
사례가 많았던 것이다. 그만큼 김정일의 독재는 누구도 믿지 않고 부
단히 따지는 좌불안석이었다. 간부들은 독재자의 변덕에 변신하는
능력을 최고의 충성심으로 간주하였다.

그 개인 시스템을 체계화하기 위하여 김정일은 3대 비준정치를
하였다. 북한에서 김정일의 개인 비준 시스템을 제일 잘 아는 사람들
은 중앙당 과장급 이상의 간부들과, 그 외에 일반인들로는 작곡가와
서사시 시인들이다. 직업적으로 노래와 시를 짓는 사람들이지만 북
한에서는 노래든 서사시든 김정일이 직접 비준해야만 나올 수 있어
서이다. 사상의 변질은 감성의 변질로부터 시작된다고 굳게 믿었던
김정일만의 지독한 문화 집착 결과이다. 단순히 전체주의 이념이 아
니라 김일성 신격화라는 종교 수준의 세뇌 통치여서 더욱 그렇다. 그
래서 북한의 작곡가와 서사시 시인들은 창작품과 함께 자기 운명이
결정되는 김정일 비준 경로와 결과에 대해서도 직업적 본능으로 계
속 추적하는 데 탁월하다.

중앙당 선전선동부 산하 조선작가동맹 중앙위원회의 경우, 시 분
과 위원회에서 국가작품심의위원회를 거쳐 선전비서까지 닿는 데는
상당한 시간이 소요된다. 그러나 내가 1999년에 썼던 서사시는 남한

남한의 민중시인이란 가명으로 내가 쓴 서사시가 김정일의 극찬으로
1999년 5월 22일자 노동신문에 소개되어 전체 인민들에게 배포되었다.

시인의 서사시로 위장하는 통일전선부의 보안 특성상 가장 긴 시간
이 소요되는 국가작품심의위원회의 심의가 생략되었다.

4월 중순에 원고가 마감되어 불과 일주일 사이에 통일전선부 임
동옥 제1부부장을 거쳐 이튿날 대남비서 김용순의 최종 승낙을 받았
다. 그때 김용순은 김정일에게 보여줄 서사시에 자신의 노력을 심으
려고 직접 볼펜을 들고 무려 한 시간 넘게 고민하였다. 그가 손질한
부분은 광주의 봄이 자연으로부터 오지 않고 봉기자들의 함성이 들

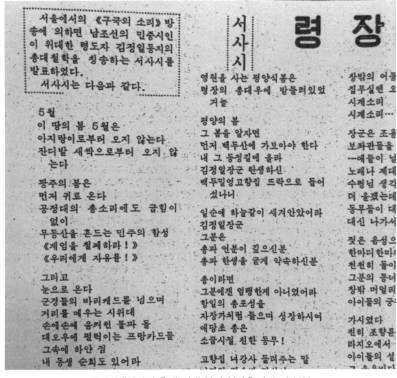

서사시 "영장의 총대 위에 봄이 있다." 머리 시 부분

리는 귀로 오고, 깃발이 보이는 눈으로부터 온다고 형상화했던 '머리
시'였다.

 "5월/ 이 땅의 봄은/ 아지랑이로부터 오지 않는다 / 무궁화 잎
 으로부터 오지 않는다."

 김용순은 왜 무궁화를 언급했느냐고 물었다. 나는 통일전선부 내
의 남한 도서들을 통해 무궁화가 남한의 국화라는 것을 알고 있었다.
대한민국 국가를 부정하는 의미에서 국화를 부정했다고 대답하자 김
용순은 "걔들의 민주화 운동이 국가까지 부정하는 것이 아니야, 정권
을 부정하는 것이지." 그러면서 무궁화를 지우고 "잔디밭 새싹으로
부터 오지 않는다"로 수정했다. 내가 운율이 맞지 않는다고 불평하자
김용순은 그 입 닥치라는 식으로 매섭게 쏘아보았다. 서사시는 김정
일의 친필 비준을 받아 전체 주민이 볼 수 있도록 노동신문으로 배포
되었다.

 내가 김정일의 3대 비준정치를 설명하는 이유는 북한의 정책결정
과정과 그 체계적 독점권이 어떻게 김일성의 당 총비서의 권한을 대
체했는가를 증명하기 위해서이다. 특히나 김정은 정권에 들어와서는
북한의 공개 매체가 공개한 김정은의 '친필비준'도 틀림없이 그 연장
선일 것이라는 믿음 때문이다.

 김정일의 비준에는 우선 서류상에서는 '친필비준', '존함비준', '날

짜비준' 세 가지가 있다. 발언 비준으로는 '말씀', '지적', '방침'이 있다.

서류상의 최상위 등급은 '친필비준'이다. '친필비준'이란 김정일이 밑에서 올라온 제의서 내용을 자필로 일부 수정하거나 추가, 또는 강조한 다음 날짜와 이름을 적어 넣는 방식의 비준이다.

이 '친필비준'은 김정일이 직접 관심을 갖고 있는 사안이라는 뜻으로 강제성을 띠며, 다른 제의서들에 비해 최우선 실행 권한이 부여되었다. 그렇기 때문에 이 비준을 받은 제의서일 경우 최대한 빠른 시일 내에 그 결과를 다시 보고해야 한다. 만약 지연되어 김정일이 채근하거나 결과에 불만족할 경우, 당 조직부는 수령 교시 집행을 지연시킨 '최고존엄'의 원칙을 내세워 산하 검열과를 파견하여 관련 간부들을 엄벌했다.

서류상 중간 단계의 비준등급은 '존함비준'이다. 김정일의 자필 내용이 없이 날짜와 이름을 새겨 넣는 형식적 비준이다. 이런 비준은 김정일이 '친필비준'처럼 관심을 가졌다기보다 허락했다는 의미가 더 크다. 시간제한은 없이 실천 여부만 중시되며, 그 결과는 김정일에게 다시 보고하는 것이 아니라 업무 부담을 줄이는 차원에서 해당 부서에서 집행한다. 그리고 그 결과를 수령교시 집행에 대한 부서 내 건당 성과로 당 조직부에 보고하도록 되어 있다.

최하위는 '날짜비준'이다. 이 비준은 김정일의 자필이나, 이름은 없이 그냥 비준 당일의 날짜만 표기되어 있다. 한 마디로 김정일을 거쳤다는 수준의 비준이다. 그래서 이 '날짜비준' 문건이 내려올 경

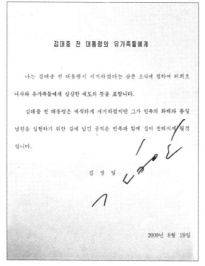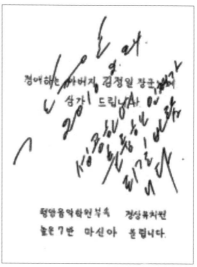

최하위 비준에 해당되는 김정일의 '날짜 비준'은 대외성 홍보가치가
안 되는 자료가 대부분이어서 북한 자료에서는 검색이 불가능하다.

우 당 고위 간부들은 김정일이 보지 않은 것으로 판단했다. 왜냐하면
종합보고서로 대체되었다는 것을 잘 알기 때문이다. 종합보고서란
김정일이 방대한 양의 제의서들을 한 장의 종잇장에서 종합적으로
요해(파악)할 수 있도록 제목만 나열하여 정리한 보고서이다.

　'날짜비준'은 김정일이 한 번 쭉 훑어 본 그 종합보고서 속에 포함
된 제안서이다. 그 목차에서 운 좋게 김정일에게 선택되어 읽힌 제목
의 제의서가 '존함비준', 혹은 '친필비준'으로 발전할 수도 있다. 북한
정권은 김정일의 천재성 홍보를 "한 번에 세 가지 일을 동시에 하시는
분"이라고 선전한다. 각자 다른 제의서를 동시에 귀로 듣고, 눈으로
읽고, 손으로 써서 해결한다는 것이다. 북한 작곡가들과 시인들은 자
기들의 창작품이 김정일의 귀에 해당되는 보고서들이라고 한다.

주민에 대한 자유의 침해가 김정일 개인 자유의 제한으로까지 이어지는 불행한 수령 독재였다. 북한 간부들은 제의서 작성 요령 중 첫 번째 기술이 제목을 잘 뽑는 것이라고 이구동성으로 말한다.

김정일의 발언 지침들도 위의 서류상 비준과 비슷하다. 최상위의 발언 비준인 '말씀'은 김정일이 해당 사안에 대해 직접 강조하거나 추가적으로 지시했다는 것을 말하고, '지적'은 전체 제안서 내용 중에서 일부분의 강조 또는 제안서대로 그냥 진행시키라는 포괄적인 지시를 말한다. 가장 아래 단계인 '방침'은 당의 방침처럼 원론적인 수준에서 김정일에게까지 보고되었다는 '존엄'을 부여하는 정도이다.

김일성의 비준 권한이 발언으로는 교시, 자필로는 '존함'뿐인데 도리어 당 조직비서인 김정일의 3단계 비준은 그 경계마다 아랫사람들이 눈치 보고 숨 막힐 정도로 권력화되었다. 이는 김일성의 유일지도체제는 상징적인 시스템으로, 김정일의 유일지도체제는 실권 시스템으로 굳히는 결정적 역할을 했다. 김정일 조직비서의 선별적 비준 권한을 최대한 부각시킴으로써 김일성을 그냥 동의하는 수준의 형식적 총비서로 만들었다. 김정일의 3단계 비준 정치는 또한 위로 올라온 제의서들만이 아니라 아래로 내려가는 집행 과정도 권력화했다. 북한의 공개 매체들은 "후계자를 잘 만나 김일성이 더는 국가 일에 걱정이 없게 되었다."고 했지만 실제로는 김일성이 권력에 개입할 수 있는 여지가 구조적으로 차단되었다.

김일성과 관련해서는 수령 경호나 수령 건강 명분으로 반드시 거쳐야 하는 것이 김정일의 비준절차였다. 당 조직비서의 사전 허락이나 동의가 없이는 부서와 부서 사이의 공조나 협조가 전혀 될 수 없었다. 김정일이 당 대회를 비롯하여 그 어떤 형식적 합의도 생략하고 오로지 3대 비준정치로만 국정 운영을 개인주의화 한 탓에 북한에는 많은 혼란이 빚어졌다.

1992년 경 평양시 보통강 구역에서 발생했던 신원동의 초호화 200세대 아파트 입주 사건이 그 대표적인 예이다. 공로자 배려용으로 아파트가 완공될 무렵 입주 문제와 관련하여 당, 군, 외무성, 대남 공작부서들이 저마다 입주 제의서를 올렸는데 김정일이 동일하게 친필비준을 했다.

입주 당일 그 제의서를 가진 부서들의 이사 차량이 한꺼번에 몰려들고 싸움까지 벌어졌다. 당 조직지도부가 중재자로 나섰지만 서로가 '친필비준'을 보여주며 소유권을 주장했다. 결국 당 조직지도부는 김정일의 자필 내용들을 따지기로 했다. 김정일의 친필비준 내용 중에 "당장 해결해 주시오"가 최우선이 됐다. "빨리 해결해 주시오"가 두 번째, "무조건 해결해 주시오"는 언제든 무조건이면 된다는 조건부여서 완전히 밀려나게 되었다.

이러한 제의서로 인한 혼선을 피하고 김정일의 비준 편의를 위해 당 부서들마다 보고 날짜가 지정돼 있었다. 화요일은 외무성·군부, 수요일은 당 선전선동부와 경제, 목요일은 내각·사회단체 및 국내 동향, 금요일은 당 대남공작부서들이다. 토요일은 북한의 모든 직장들이 강연회, 학습, 생활총화 등 '정치날'로 지정되어 있다. 김정일의 토요일은 당조직지도부의 보고만 받는 날이었다.

일각에서는 김정일의 가장 최측근에 있다는 이유만으로 서기실을 권력부서로 오인하는데, 이는 잘못된 추론이다. 권력이란 인사권과 정책 결정권, 숙청 검열권과 같은 구체적 행위에서 나오는 것이다. 김정일의 서기실은 한국의 비서실과 같은 개념이다. 하루 일정을 체크하고, 특히 당 부서들에서 올라온 각종 서류들에 대한 존엄성 확인 내지 위생 상태를 확인한다. 해당 부서들에서는 사전에 제의서들에 대한 위생, 청결, 소독 단계를 거쳐 서기실로 보낸다. 그러나 서기실은 그 모든 과정을 믿지 않는다. 서기실 차원에서 다시 검열 소독하여 김정일이 머무는 초대소나 집무실에 보낸다.

김정일의 근접경호원 출신인 통일전선부의 과장은 나에게 이런 내용의 증언도 했다. "그 밀봉 서류들을 장군님께서 비준하시는 책상 위에까지 가져다 놓는 진짜 실무자들은 당 조직지도부나 서기실과 같은 민간인이 아니라 호위군관들이다. 장군님께서 평양에만 계시지 않고 지방 초대소들로 계속 옮겨 다니시기 때문에 현장의 신변보호와 편의성을 고려해서이다. 그래서 장군님의 각 초대소들마다 서류만 전문적으로 담당 취급하는 서기군관들이 별도로 존재한다. 장군님을 직접 모시는 관계로 그 호위군관들 앞에서는 당 조직지도부나 서기실 간부들도 먼저 인사를 하도록 되어 있다."

김일성에게 올라가는 모든 비준 서류들은 항상 김정일이 직접 갖고 들어갔다. 그 자체만으로도 엄청난 권력이라는 것을 누구보다 잘 알았던 김정일이어서 김일성이 사망한 이후부터는 보고 라인을 분산시켰다. 당 조직지도부의 보고 라인은 그대로 유지하면서도 행정 결심과 관련한 사안은 해당 중앙당 부장이나 실무자로부터 직접 보고를 받았다. 이렇듯이 지도자의 결정 권한은 어느 날 갑자기 직위로써 승계되는 물건이 아니다. 사람을 움직이는 힘의 결정체여서 그 관계 안에서의 질서와 문화, 정서를 집약시키는 길고 긴 과정의 축적된 자신감이다.

과연 오늘의 김정은에게 그럴 시간이 있었는가? 오히려 그 시간과 경험은 김일성을 상징적 수령으로 부각시키는 데 고도로 훈련된 지금의 당 조직지도부 고령자들이 더 풍부하지 않은가? 그 흔적을 말해 주듯이 오늘날의 김정은 정권에서 보여주는 대내외 정책들의 행태들은 마치 김정일 정권의 연장을 보는 것 같다. 김정은의 말 한마디, 행동 하나까지도 김일성, 김정일을 그대로 답습하는 고난도의 세련미와 숙련도를 계속 유지하고 있지 않은가. 그럴 수밖에 없는 이유를 나는 김정일·김정은 세습 시대의 국가 조건, 지도자 조건, 주민 조건을 비교해서 설명해볼까 한다.

우선 김정일 세습 당시의 국가 조건에서는 대외성의 충분조건이 있었다. 미소 냉전구도라는 안정된 국제정치 환경의 그늘 밑에서 북한은 자국 내의 정치권력 일원화에 집중할 수 있었다. 1970년대 중반까지 경제적으로 비교적 안정되었던 대내성도 김정일 세습의 충분한 국가 조건이 된다. 남한에 비해 상대적으로 컸던 체제에 대한 자신감은 김일성 개인의 자신감으로 이어졌고, 세습 권력도 결심할 수 있게 한 동기가 되었다. 여기에 자본주의 과정을 거치지 않고 봉건왕조에서 사회주의로 바로 이양된 역사적 폐쇄성의 충분조건도 유리하게 작용했다.

김정일은 그 봉건적 유교 관습의 연장선에서 김일성 신격화를 조작하여 세습정치도 정당화할 수 있었다. 그러나 현재 김정은에게는 그 3대 국가 조건이 하나도 없다. 사회주의 동구권은 붕괴됐고, 유일한 동맹국이라는 중국마저 국제사회의 대북제재에 동참하는 형편이다. 경제 또한 세계 최빈국으로 전락하여 주적이라던 남한의 대북인도주의 지원을 공개적으로 수용할 수밖에 없는 처지이다. 폐쇄성도 시장화로 인하여 거의 붕괴된 것이나 다름없다. 외부로부터의 수입에 전적으로 의존할 수밖에 없는 시장인데다. 물건과 함께 정보도 유통되는 새로운 대중 환경의 형성, 여기에 국경을 초월하는 라디오, 컴퓨터, 휴대폰과 같은 현대화된 과학까지 더해진 추세이다.

국가 조건에 이어 지도자 조건을 비교했을 때에도 김정일에 비해 김정은은 매우 열악하다. 김정일에게는 세습권력의 전제조건이라고 볼 수 있는 선대 수령의 정치적 지위가 절대적이었다. 김일성의 후광으로 김정일은 자기의 존재와 위업을 조작하는 신격화 선전에도 별 무리가 없었다. 가장 행운이었던 것은 세습권력 훈련 과정이 매우 길었기에 그 충분한 시간 속에서 김정일은 권력의 속성을 하나하나 익혔고, 당 총비서의 상징성을 조작하는 실제적 유일지도체제의 소유자가 될 수 있었다.

그런 김정일에 비하면 김정은은 불행하게도 아버지의 불명예와 실패를 고스란히 떠안고 출발했다. 권력 행위도 당 조직지도부의 조언에 의존하는 결과밖에 안 된다. 그 대체세력을 모색하자면 동지가 있어야 하는데, 김정은의 경우에는 그것 역시 전무하다. 김정일은 후계 권력을 함께 만들고 떠받든 김일성종합대학 동창생들로 구성된 권력 동지 그룹이 있었다. 그런데 김정은은 유년시절도 홀로 왕궁에서 살았고, 동창생들도 스위스 유학생들뿐이어서 현재까지도 온통 고령의 간부들에게 둘러싸여 있는 실정이다.

김정은의 지도자 조건 중 가장 불리한 것은 북한의 수령 전통인 신격화된 권위주의의 실종이다. 김정일의 경우 김일성의 업적이 부풀려진 북한의 과거와 연계시켜 자신의 신격화 조작이 가능했다. 하지만 지금의 20대 김정은에게는 그 거짓 조작도 쉽지가 않다. 김정은의 행복한 과거들이 북한 주민들에겐 불행의 추억이기 때문이다. 결국 현재형의 신격화로 대체할 수밖에 없는데, 천안함을 공격하든 연평도를 포격하든 돌아오는 것은 국제사회의 봉쇄와 비난뿐이어서 효과도 별로 신통치가 않다.

국가 조건, 지도자 조건보다 더 혹독한 것은 주민 조건이다. 김정일 시대에는 이념 가치만을 알았던 순진한 주민들이었다. 안정된 배

김정은의 스위스 유학시절 사진

급체계로 명령과 복종의 종적 구조만 있었다. 그러한 단면적인 사회 구조와 질서 속에서 북한 주민들은 조직 연대감에만 전적으로 의존할 수밖에 없었다.

　그러나 김정은 시대의 주민들은 완전히 다르다. 이념 가치가 아닌 물질 가치에 세뇌된 주민들이고, 명령과 복종이라는 종적 관행에서 탈선하여 수요와 공급이라는 저들만의 시장질서에 합류됐다. 뿐만 아니라 기관을 이탈하여 시장에서 개인 연대감으로 생존하는, 수령 주체가 아닌 개인 주체의 주민이 되었다. 북한 정권의 선전을 액면 그대로만 믿고서 김정은 유일 지도체제가 완성됐다고 섣불리 단언하는 것은 나무만 보고 숲을 보지 못하는 꼴이다. 이제는 외부 세계에서 김정은 절대 권한의 단면을 입체적으로 봐야 할 때라고 본다.

# 〔 6 〕
## 당 조직지도부는
## 수령 신격화 기획사

　북한의 선전선동을 이야기할 때 대부분 그 권력 주체가 당 선전
선동부라고 한다. 그러나 아니다. 북한의 선전선동 권력의 주체는
당 조직지도부이다. 북한의 선전선동은 숙명적으로 노동당의 정책
적 구속을 받기 때문이다. 그 정책도 반드시 수령의 신격화라는 초
현실적인 개인의 결단과 위업에 따른 승승장구의 결과여야만 한다.
그러자고 수령주의를 하고, 그 덕에 3대 세습까지 가능해진 체제이
다. 그러자면 국내외 정세와 그 변동에 따른 정책들, 심지어 처참한
패배에도 승리를 자축하는 선동의 과시가 과도할 정도로 전략화 되
어야만 한다.

　쉽게 말해서, 사회주의 계획경제처럼 선전선동도 사전에 계획된
정책들의 구간과 종류가 필수적이다. 그러므로 수령주의를 주도하는
당 조직지도부가 선전선동 정책을 주관하고, 당 선전선동부는 빠짐
없이 장악된 선전선동 수단과 기능의 동원으로 선전선동정책의 문화

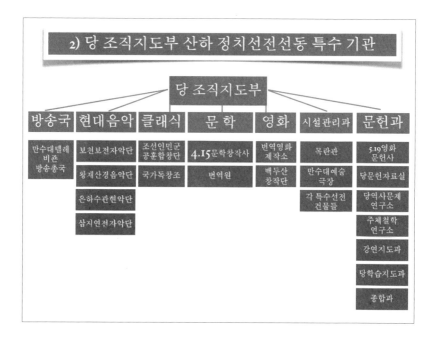

적 확산만을 전담한다. 당 조직지도부와 선전선동부의 선전선동 관계는 선행적 정책과 실행적 문화라는 종속관계에 있다.

김정일은 수령주의 기획부서인 당 조직지도부의 선전선동 권한을 단순히 정책적 한계에만 구속시키지 않았다. 아예 문화적 확산의 방법과 기준까지 결정하도록 만들었다. 당 조직지도부 산하에는 북한의 선전선동 권력이라고 볼 수 있는 최고의 언론방송, 음악, 영화, 문학 기지들이 소속되어 있다. 그 조직들을 설명하면, 우선 '만수대텔레비죤총국'은 북한에 주재하는 외국인들과 평양시민만을 상대로 하는 방송국이다. 내가 탈북한 2004년까지 '만수대텔레비죤'은 주 2회 토, 일요일에만 방송했다.

'4·15문학창작사'는 북한 내 최우수 작가들이 오직 수령 일가만의 혁명 역사를 장편 연재소설로 집필하는 곳이다. 수령 신격화를 위해서는 그 어떤 신비주의나 미화 수법을 동원하더라도 합법이다. 김일성의 회고록 『세기와 더불어』도 '4·15문학창작사'에서 창작되었다. '4·15문학창작사' 건물은 원래 김정일의 지시로 납치한 한국의 영화감독 신상옥 영화제작소 시나리오 창작사 건물이다. 조선중앙방송위원회 TV총국도 신상옥영화촬영소 옆에 나란히 붙어있다. 수령 신격화 창조는 4·15창작사 외에도 당 기관들인 선전선동부, 통일전선부의 특권이기도 하다. 부끄러운 과거지만, 나도 서사시 "영장의 총대 위에 봄이 있다"에서 김정일 관련 일화를 부풀려 쓴 적이 있다. 1995년 설맞이 공연에 관한 이야기였다.

매해 12월 31일에 진행되는 전국 학생소년들의 설맞이 공연에는 항상 김일성이 참석했었다. 그런데 김일성 사망을 현실로 확인시키기라도 하듯 1995년 설맞이 공연에는 김정일이 불참했다. 그 수령의 공백을 메우기 위해 나는 아이들이 기다리는 그 시간에 김정일이 홀로 찾아간 곳이 어느 군부대 사격장이라고 기술했다. 비극의 아픔을 딛고 아이들의 노래와 웃음을 선군으로 지켜주겠다고 약속하는 백발백중의 장군으로 그를 묘사했다.

문학과 달리 당 조직지도부 산하 예술단들에서 창작된 수령 칭송 대중가요들은 절대권을 갖는다. 북한 내의 그 어떤 작곡가나 예술단도 당 조직지도부 산하 예술단들에서 창작된 가요는 마음대로 편곡을 수정하거나 심지어 화음조차 바꿀 수 없도록 엄격히 법제화되어

백두산동정길에서 만난
한 로루사의 목메이는 이야기
눈물의 그 이야기…
그날은
눈도 소리없이 내리고
바람도 조용히 흐느꼈던
1994년 12월 31일

해마다 이날이면
주석님께 인사드리려고
신년무대 펼치던 이북의 어린
이들
그날도 궁전무대에서
작은 무릎 곱게 꿇고
큰절을 드리는데

그 인사를 받으실분 없어
그체로 무대에 눈물소나기를
쏟던
울음으로 노래를 못다 부르던
설맞이모임의 그밤

그밤
공연을 앞두고
김정일장군

서사시 "영장의 총대위에 봄이 있다" 중에서

있다. 그러한 획일적 통제가 가능한 것은 북한의 모든 창작가들은 당 조직 안에 구속되어 매일 출퇴근을 해야 하고, 창작도 위에서 정해 주는 주제에 따라 집행하기 때문이다. 당 조직지도부 산하 예술단체 들이 먼저 노래를 해야만 온 나라가 그 메아리로 따라 부를 수 있도 록 제도화시켜 놓은 것이다.

북한의 현대음악을 상징하는 '모란봉악단'(보천보 전자악단, 왕재산 경음악단, 계승악단)은 김정은의 '기쁨조'이기 때문에 신변보호 우선 목적으로 당 조직지도부에 소속되어 있는 점도 있지만, 한편으로는 대중가요의 주도권을 놓치지 않기 위해서이다. 그 엄격한 종속관계를 감시하는 차원에서 당 선전선동부 예술단들이 무대 위에서 공연하려면 같은 노래, 같은 가수라도 국가 작품심의위원회가 편곡이나 무대 의상까지 다시 엄격히 심사한다.

클래식 악단으로는 군복을 입힌 '조선인민군공훈합창단', 민간인들로는 '국가독창조'가 있다. 관현악과 합창 배우 모두 합쳐 430여 명이나 되는 '조선인민군공훈합창단'은 북한 선군시대의 클래식 음악을 주도하는 권위를 갖는다. 그 품격에 맞는 예우 차원에서 작곡가 지휘자, 작가 등 지휘관들은 중앙당 부부장 아파트에 입주시켰고, 배우들은 대동강구역 동문 1동에 위치한 고급 아파트를 배정해 주었다.

'백두산창작단'은 오직 수령 일가를 주인공으로 하는 혁명영화만 만드는 곳이다. 수령과 그 가문의 대역 배우들이 모여 있는 '백두산창작단'의 실체에 대해 한 여배우의 성장 스토리를 통해 설명할까 한다.

당창건기념탑 뒤 '백승' 건물이 공훈합창단 배우들의 집단거주지

내가 조선중앙방송위원회에 근무할 때 문예총국에 김원숙이란 여배우가 있었다. 김원숙은 1972년 7월 27일 생이다. 원래 고향은 평양시 사동구역 두루2동이다. 그러나 김원숙이 어렸을 때 아버지가 혜산시 보안소 민방위과 지도원으로 좌천되면서 양강도 혜산시로 이사를 갔다. 김원숙은 혜산제1고등중학교 가무소조 졸업 후, 혜산예술전문학교에 입학했다. 무용전공으로 날씬한 몸을 가진 덕에 평양교예단으로 소환되었다. 김원숙은 평양교예단의 자랑이라는 3단 그네타기 배우로 활동하였다. 그런데 혹독한 훈련 중 추락하는 사고를 당하는 바람에 허리를 크게 다쳤다. 그러나 워낙 미모가 뛰어난 덕에 병원에 입원 중에도 많은 중앙예술단들에서 간부사업 제안이 들어왔다. 예술단의 얼굴인 공연 소개자로 쓰겠다는 것이었다. 김원숙은 조선예술영화촬영소 배우를 선택했고 그를 여주인공으로 하는 영화도 몇 편 나왔다.

김원숙이 조선중앙방송위원회 문예총국 배우로 소환된 것은 정하철 위원장의 눈에 들어서이다. 정하철은 TV드라마를 발전시키겠다며 야심작으로 기획한 북한 텔레비전연속극 〈금골에 온 처녀〉의 주인공으로 김원숙을 내세웠다. 그 드라마를 본 김정일은 김원숙이 자기 어머니 대역으로 안성맞춤인 얼굴이라며 '백두산창작단'에 들여보내라고 지시했다. 김원숙이 '백두산창작단'으로 소환된 후 나와의 인연도 끊어졌다. 이미 김정일의 생모 김정숙 대역의 신분으로 출세한 데다 바깥출입조차 엄격히 통제되었기 때문이다. '백두산창작단'은 평양시 중구역 경상동에 숨겨져 있다. 바로 앞 건물이 평양의 명물인 〈옥류관〉이다.

어느 날 나는 친구들과 냉면을 먹으러 들렀었는데 우연히 그 자리에서 김원숙을 만났다. 김정일 생모의 얼굴은 그 자체만으로 '최고존엄'이어서 짙은 선글라스를 끼고 있었다. 오랜만에 얼굴 좀 보자고 했더니 김원숙은 웃으면서 선글라스를 벗으면 혁명화 처벌을 받는다고 했다. 그 한 예로 '백두산창작단'의 김정일 대역 배우 두 명이 남산정부진료소에서 사우나를 하고 맨얼굴로 아주 잠깐 외출했다가 6개월 동안 호위국 농장에서 혁명화를 받았다고 말했다. 영화를 찍을 때도 분장 전후가 완전히 달라진다고 했다. 일단 분장하면 일반인이 아니라 '최고존엄'이 되어 촬영 전에는 반드시 연출가와 촬영가들이 90도로 허리 숙여 인사한다며 웃었다. 매일 우유로 목욕하고 전문 요리사들이 먹고 싶은 세계의 음식들을 다 만들어준다고 했다. 하지만 냉면만은 옥류관에 와서 먹어야 제맛이어서 선글라스를 끼고 자주 외출한다고 했다. 김원숙은 원치 않은 결혼 과정도 고백했다.

남편인 김철민은 1972년 7월 19일 생이고 함경북도 청진시 송평구역 수성동에서 태어났다고 했다. 김정일 근접 경호원 출신이고 사진으로만 선을 보고 결혼했다고 한다. 김일성종합대학 졸업 후 김일성고급당학교에서 당교육을 받는 중인데 곧 중앙당에 배치받을 것이라고 확신했다.

'백두산창작단' 옆에는 '번역영화제작소'가 있다. 세계의 모든 명작들을 보고 싶어 했던 영화광인 김정일의 개인 취향을 충족시키기 위해서 존재하는 기관이다.

당 조직지도부 안에서도 특히 베일에 싸여서 수령주의 기획을 하는 부서는 '당 역사문헌보관소'와 '당 역사연구소'이다. 여기서는 김

일성, 김정일의 교시나 지침들을 수령 유일영도 차원에서, 혹은 수령 신격화 차원에서 논문들까지 체계적으로 가공 조작한다. 그 기획의 근거들은 주체사상처럼 한 번 굳어지면 되돌리기가 좀처럼 불가능한 당 정책과 노선 안에서의 세부적인 변형으로 이루어진다.

예컨대 김정일이 군 시찰 과정에 식량 자족의 한 마디를 뱉으면 '당 역사연구소'는 장황한 명문의 지침으로 풀어내어 전국에 뿌린다. 이어서 그 문서를 진실처럼 보관하는 '당 역사문헌보관소'는 다음 번 지침의 수정 및 확대의 근거로 제공하면서 상호 협력한다. 김일성, 김정일 명의로 된 지침이나 배려, 명령서들이 절대권을 가질 수 있도록 수령 모범의 논리와 감성을 생산해 내는 것이다. 김일성이 사망하

김일성, 김정일 전집과 논문집들을 전시한 사진

고 나서도 계속 출간되는 김일성 전집이나 노작들은 모두 그렇게 조작되는 것들이다.


또한 문학·음악·영화·무용·건축에 이르기까지 김정일의 이름으로 작성된 수십 권의 논문들도 마찬가지다. 한 마디로, 세상 모든 이치에 능통한 완벽한 수령을 만들기 위하여 정권 차원에서 모든 분야의 수령 영도를 조작한다고 보면 된다. 북한에서 매주 토요일마다 계층별, 분야별로 구분되는 당 조직생활 때마다 배포되는 '강연자료', 김일성, 김정일의 교시말씀 '학습 제강(提綱)'들은 김정은 정권에서 현재도 계속 이어지고 있다. 김일성 신격화를 조작한 김정일의 당 조직지도부의 축적된 경험이 없었다면 아마도 오늘날 32살의 김정은은 김일성, 김정일의 완벽한 아바타가 되지 못했을 것이다.

일반에 절대로 알려져서는 안 될 그 수령신격화 기획의 비밀을 지키기 위하여 수령의 현지 시찰에 동행하는 1호 사진기자들이나 촬영가들도 당 조직지도부에서 파견한다. 북한의 공개 매체가 공개하는 수령 관련 영상 자료들은 모두 '당 역사연구소' 전문가들이 촬영하고 당 조직지도부가 엄선하여 최종 승인한 것들이다.

그 한 가지 예로서 1994년 북한 조선중앙TV가 공개했던 김일성 사망 행사 동영상들을 들 수 있다. 그때 나는 평양음악무용대학을 졸업하고 조선중앙방송위원회 음악국 문예부 기자로 금방 배치받아 일할 때였다.

1994년 한 해를 평가하는 조선중앙방송위원회 전체 종업원 총회 비판 무대 위로 TV 보도국 담당 부총국장이 올라왔다. 이유는 김일성 추모 1호 행사와 관련한 녹화보도를 당의 요구에 맞지 않게 무책임하게 결재했다는 것이었다. 문제의 내막은 이러했다.

1994년 김일성이 급사하자 극히 제한된 숫자의 '당 역사연구소' 촬영가들만으로는 김정일 참석 행사 촬영을 감당해낼 수 없었다. 그래서 조선중앙방송위원회에서 오랫동안 근무 경험이 있는 보도국 촬영기자들을 동원했는데, 그들이 찍은 김정일의 신체 일부가 김일성의 시신에 가려지거나 작게 찍혔다. 최종 검토 과정에서 당 조직지도부는 해당 동영상들을 사용하지 말라고 했으나 워낙 긴박한 상황인지라 편집 과정에서 담당 기자가 실수하여 그대로 방송되고 말았다.

다른 방송도 아닌 '1호 영상' 관련 오보여서 조선중앙방송위원회는 3
개월 동안 당 조직지도부의 집중 검열을 받았고, 그 검열의 결과 부
총국장은 해임되어 지방으로 추방되었다.

이와 같은 북한의 과도한 수령 절제는 전체주의 심리와 정서는
물론 세상의 모든 정의까지 정점에 있는 수령이란 개인에게 최대치
로 집중시켜 놓았기 때문이다. 그 초점인 수령에게서 잘못된 언행 하
나가 여과 없이 일반에 노출될 경우 사회에 미칠 파장이 엄청나다.
실제로 김일성이 현지 지도 과정에 당 정책 실정을 잘 모르는 발언을
하여 입막음 차원에서 그 현장 간부들이 다른 기관으로 긴급 조정 배
치되는 사례들이 가끔 있었다. 김정일이 수령의 교시를 법으로 신성
시 해놓은 탓에 김일성은 자기 발언에서도 자유로울 수가 없었다. 당
조직지도부의 빈틈없는 수령 업적 관리와 기획이 필요할 수밖에 없
는 절제 구조인 것이다.
    당 조직지도부 주도의 이러한 수령 전통은 지금의 김정은에게도
그대로 적용될 것으로 보인다. 만약 32살의 김정은이 제멋대로 말하
고 행동하는 대로 돌아가는 북한이라면 그 첫날부터 필시 아비규환
이 되었을 것이다. 걸핏하면 고위급 간부들이 처형되는 현재의 북한
상황을 놓고 김정은의 권력 정리 과정으로 보는 것은 외형적 판단에
지나지 않는다.
    김정일 정권에서는 말도 안 되는 이유로 더 많은 간부들이 목숨
을 잃었다. 하지만 그때는 내부적으로 조용히 처리했는데 지금은 대
놓고 보여준다. 그 차이는 김정일의 실권은 겸손하더라도 무방했지

만, 김정은의 수령 권력은 분명히 과시가 필요하기 때문일 것이다.

당 조직지도부는 결코 그 철부지에게 목숨을 맡길 정도로 바보집단이 아니다. 그들은 김정일의 변덕에서 끝까지 살아남은 영악한 생존자들이다.

수령 3대 세습은 3대 악습이다. 수령의 분장, 표정, 행동, 의상, 심지어 비만까지 똑같아야 하는데, 그 모든 것들은 김정은의 개인 권한으로 완벽하게 모방할 수 있는 것들이 아니다. 수령주의 시나리오는 수령이 직접 쓰는 것이 아니라 그 주인공을 신격화하는 당 조직지도부의 작품이다.

〔 7 〕
# 김일성은 미소정치,
# 김정일은 눈물정치

북한 주민들에게 강요되는 수령주의 세뇌 문화는 그 출발점인 수령 개인의 모범적인 '수령 문화'로부터 조작된다. 당 조직지도부는 우선 수령 문화의 정화를 위해 수령의 사생활을 완전히 삭제했다. 북한 정권이 김일성의 고향을 '만경대'로, 김정일의 고향을 '백두산'으로 부각시키는 것은 수령에 대해 어느 누구든 함부로 개인적 상상을 못하도록 출생의 근거까지 지역 개념으로 희석시키려는 의도에서이다.

그래서 북한에서 공개된 자료들 중에는 수령의 생모를 국모나 항일투사로 부각시키면서도 출산과 관련된 이야기는 전혀 하지 않는다. 그냥 "김일성이 만경대에서 태어났고, 김정일이 백두산에서 태어났다"는 식으로만 기술된다. 엄격한 수령의 사생활 영역에는 친인척들도 포함된다. 당 조직지도부는 내부적으로 그들을 수령 유일권한의 '곁가지'로 분류하고 엄격하게 통제했다.

김평일이 해외에 파견된 후에 그 대신에 제일 표적이 되었던 '곁가지'는 장성택이었다. 그 덕에 장성택은 평생 동안 당 조직지도부의 견제를 받아야만 했다. 당 조직지도부 내에서 사법 권한을 총괄하는 행정부 부부장직을 가졌음에도 불구하고 청년동맹이나 수도 건설과 같은 소일거리만을 맡겼고, 그 과정에서 두 번의 해임을 당하는 수모도 겪었다. 당 조직지도부의 장성택 견제는 김정일이 김평일을 견제했던 과거의 전통적 권위라고 볼 수 있다. 김정일은 자신부터 솔선수범하는 친족 포기 정치의 상징적 인물로 당 조직지도부가 장성택을 흔드는 것을 방치했다. 당 조직지도부에 김일성 친인척 관리의 엄격한 특권을 준 셈이다.

단순한 권한 제한만이 아니라 그 주변에 사람들이 절대로 모이지 못하도록 노골적인 감시와 관리를 병행했다. 이는 김일성의 권력 환경에서 측근들은 물론 친인척들까지 지워버림으로써 궁극적으로는 김정일의 유일권한 입지를 더욱 강화시켰다.

사생활 못지않게 '수령 문화'에서의 또 다른 금기는 수령 언어(言語)의 절제이다. 이는 단순히 수령 신비주의를 위해서만이 아니다. 김일성의 교시로부터 출발하고, 그 교시가 법적 강제성을 갖는 북한 체제 특성상 김정일은 당 조직지도부의 사전 검열, 승인 절차가 없이는 수령의 그 어떤 발언도 일반에 공개될 수 없도록 구조적으로 차단했다. 수령의 현지 지도로 승승장구해 왔다는 북한에서 수령의 활동과 관련한 생방송이 단 한 건도 존재하지 않는 이유가 바로 거기에 있다.

　김일성의 발언들은 오직 지침 내용의 문서로만 정리되어 당 조직 생활 안에서의 강연 자료나 학습, 국가정책으로 전역에 배포되었다. 당 조직지도부는 단순히 김일성이 즉흥적으로 던진 반말에 가까운 지시형 내용들을 문학적으로 품격 있게 정리하는 일만 한 것은 아니다. 당 정책 안에서 수령의 교시들을 사실상 매일 조작해 냈다. 이는 매일 쉬지 않는 수령의 노고와 지도력을 계속 확대 강조하기 위해서이다. 그래야만 수령의 유일적 영도를 받는 북한체제의 생존이 현실화되기 때문이다.

　그래서 수령의 교시에는 질문이 전혀 없다. 국가를 이끄는 수령답게 모든 사안에 대한 명쾌한 대답과 해명만 있을 뿐이다. 당 조직지도부는 김일성의 '교시'는 감성적으로, 김정일의 '말씀'은 논리적으로 기술했다. 그 차이점은, 김일성은 '인민의 아버지'이고, 김정일은 '국가 지도자'라는 의미를 강조하려는 것이었다. 당 조직지도부 산하 당 역사연구소나 문헌보관소는 김일성 업적의 생산기지라는 사실을 북한 주민들은 잘 알지 못한다.

　'수령문화'에서 가장 과시되는 부분은 김일성의 '미소정치'였다. 수령은 개인이 아니라 무궁하게 발전하는 북한의 얼굴이 되기 때문이었다. 김일성은 미소, 김정일은 그 미소 뒤에서 항상 고뇌의 충성을 다한다는 의미에서 정색한 얼굴만을 인민에게 보여주었다. 김정일은 김일성의 영결식 행사에 내세운 영정 사진까지 '태양의 미소'로 만들었다.

　북한 선전매체들은 그 영정사진을 근거로 김일성 총비서가 김정일 조직비서 덕에 나라 일에 시름을 놓았고, 그 앞날에 대한 확신으

로 죽어서도 환히 웃었다고 선전했다.

수령의 미소와 관련하여 북한에 잘 알려진 아주 유명한 일화가 있다. 어느 "1호 화가"가 수령의 위대한 인간미를 부각시키는 작품을 고심하던 중에 북한 미술 역사상 과감한 첫 시도를 했다. 농사꾼의 남루한 옷차림을 살펴보는 김일성의 얼굴에서 미소를 지워버린 것이다. 업적 위주의 김일성보다 인간적인 김일성을 부각시키려는 의도였다.

미술가는 단번에 1호 자격을 박탈당하고 고향이 있는 지방미술동맹위원회 소속 화가로 배치됐다. 수령의 얼굴에서 인민의 행복을 보여줘야 하는데 인민의 실상에서 투영된 수령의 얼굴을 그렸다는 것자체가 신격화 왜곡이라는 것이다. 그는 이번에는 평범한 인민의 얼굴에 도전했다. 수령은 수령이어서 그렇다고 치더라도 인민은 괜찮지 않을까 싶어서였다. 그런데 그 인민의 얼굴 그림 역시 문제가 되

었다. 사회주의 낙원을 형상하는 화폭에 등장한 인물에게서 미소를
지워버린 것은 체제의 오늘과 내일의 의미까지 지워버린 염세주의라
는 것이었다. 그는 아예 화가로서의 자격 박탈은 물론 사람 자체를
그려서는 안 된다는 판결을 받게 되었다.

생존을 위해서라도 자신의 재능을 어떻게 팔 수 없을까 하고 고
민하던 그는 무릎을 쳤다. 동물의 얼굴을 그리자, 세상에 웃는 동물
은 없지 않은가, 예상했던 대로 그의 동물 그림들은 대박을 쳤다. 밀
수업자들의 손을 통해 국내를 넘어 중국으로까지 팔려 나갔다.

부자라고까지 소문났던 그는 어느 날 밤 갑자기 정치범 수용소로
끌려갔다. 지인들과의 술자리에서 "수령 얼굴을 그릴 때보다 동물의
얼굴을 그리는 지금이 더 풍족하다."고 발언한 것 때문이었다.

이 이야기는 누가 꾸며낸 것이 아니라 실제로 있었던 일이다. 그
랬던 북한에서 김일성 사망 후 1995년부터 김정일의 얼굴 정치가 갑
자기 '눈물 정치'로 바뀌었다. 국가 장례 기간을 무려 3년으로 선언한
데다 배급제 붕괴로 대량아사까지 겹친 사회분위기를 반영해서가 아
니었다. 김정일은 김일성이 죽으면서 북한의 국가주석이란 직함도
영원히 가져가도록 했다. 그처럼 '수령의 미소'도 김일성 영생의 이
미지로 고착시키고, 김정일은 그에 반대되는 '눈물정치'로 주민들의
감성을 자극하려고 했던 것이다.

김정일의 '눈물정치'를 더 강조한 것은 '쪽잠'과 '줴기밥(주먹밥)'
이다. 김정일이 쪽잠과 주먹밥으로 2천만 인민 중 어느 누구보다도
'고난의 행군'을 실천하는 지도자라는 것이다. 노래까지 지어 전체

주민이 따라 부르도록 강요하는 통에 주민들은 굶주림과 아픔의 신음마저 이를 악물고 버티어 내야만 했다. 김일성은 '사랑의 미소정치', 김정일은 '인간애의 눈물정치'로 반전의 드라마를 쓴 것이다. 이 두 수령의 얼굴과는 달리, 오늘날의 김정은에게서 자주 보여주는 표정은 '분노'이다.

물론 미소정치도 동원되지만, 이미 과시한 분노는 지워지지 않는다. 나라의 얼굴인 탓에 단 한 번의 일그러짐만으로도 주민 세뇌와 수령 신격화에 엄청난 영향을 미치기 때문이다. 그것을 잘 아는 당 조직지도부가 실수로 사진과 동영상을 유출시키지는 않았을 것이다. 화를 내고 있는 사진으로써 일을 잘 하지 못하는 아래 사람들을 호되게 질타한다는 것인데, 이 역시 어린 것의 권위주의를 인위적으로 확대 과시하는 것처럼 보이는 수령의 얼굴 정치이다.

'수령문화'가 궁극적으로 추구하는 것은 수령을 권력의 지배자가 아닌 감성의 지배자로 부각시키는 것이다. 북한 정권은 김일성, 김정일의 문학적 취향도 차별화했다. 김일성은 혁명 소설, 김정일은 시(詩)라고 규정했다. 김정일 당 조직비서 덕에 여생을 즐기는 김일성이 장편 연재소설들을 즐겨 읽는다고 선전하는 바람에 소설 작가들의 인기도 대단했다.

김일성이 사망한 후 북한 문학은 시 중심으로 발전했다. 김정일이 시를 좋아한 까닭도 있지만, 종이 사정으로 많은 수량의 책을 인쇄하는 데 한계가 있었기 때문이기도 하다. 소설과는 달리 시는 몇 구절만으로도 주민들의 감성에 당 정책을 호소할 수 있으므로 김정일은 북한의 대량 인쇄 자존심의 최후 보루인 노동신문을 통해서 시 정치를 하였다. 음악의 경우, 김일성은 민요나 클래식 음악을, 김정일은 북한의 근대화를 선도하는 지도자라는 의미에서 현대음악의 거장이라고 하였다. 1997년부터 선군정치가 시작되면서 북한의 선전매체들은 김정일의 음악적 관심을 취주악으로 돌렸다. 금속 악기들의 장엄한 울림이 무섭게 전진하는 혁명적 군인의 기상을 닮았다는 이유에서였다. 선군정치에 맞게 군 취주악을 앞세운 선군음악 열풍을 확산시키려는 의도에서이다.

'수령문화'는 북한 전체주의가 요구하는 단체복 유행도 주도한다. 1980년대 초반까지 김일성은 북한 정권이 인민복으로 규정한 마오쩌둥의 검은색 양복을 입었다. 나는 같은 옷을 중국에서는 어떤 의미를 부여했는지 궁금해서 찾아보았다. 마오쩌둥의 옷이라는 뜻에서 마오 룩(Mao look)이라고도 부르는 그 옷은 남녀노소 누구나 입을 수 있는 평등사상을 나타낸다. 4개의 주머니는 예(禮)·의(義)·염(廉)·

치(恥)를 뜻한다. 또 윗옷에 달린 5개의 단추는 입법·사법·행정·감찰(監察)·고시(考試)의 오권(五權) 분립을 의미한다. 옷소매에는 3개의 단추가 있는데, 민생(民生)·민주(民主)·민족(民族)의 삼민주의(三民主義)를 나타낸다.

북한 주민들에게 알려진 김일성의 인민복은 검소와 노고만을 강조한다. 1980년대 중반 북한 정권은 김일성이 넥타이로 한껏 멋을 낸 정장 차림의 사진을 처음 공개했다. 색깔도 권위적인 검정색이 아니

마오룩 사진

김정일의 후계권력이 강해짐에 따라 김일성의 옷이 달라지는 과정

라 여생의 노안을 씻는 연회색으로 맞춰 입었다.

중절모, 혹은 농립(農笠) 모로 여유롭게 즐기는 노년을 강조했고, 1992년 80돌 생일날에는 사실상 정치 은퇴 선언이나 같은 한복 차림을 공개했다. 대신에 김일성의 인민복을 계승한 김정일의 옷은 폐쇄 정치의 강도를 반영하듯이 나날이 더 구식이 되어갔다. 초기에는 일꾼의 작업복이란 의미에서 시작된 잠바 옷이었지만, 선군정치가 본격화된 2000년대 초반부터는 '장군님의 야전복'으로 개명되었다. 여름 야전복은 잠바, 겨울 야전복으로는 솜옷에 털모자, 두터운 장갑까지 동원되었다.

김정일은 키가 작아서 애당초에 넥타이와 정장이 어울리지 않는

현지시찰 노고를 부각시키기 위해 털모자와 장갑까지 착용한 야전복

신체였지만, 주민들은 차마 거기까지 상상을 못했다. '수령문화'가 보여주는 지도자의 검소한 단벌옷에 주민들은 오히려 자기들이 빈곤한 것은 당연하다고 느꼈다. 더구나 김정일이 장갑까지 끼니 북한의 겨울은 무조건 춥게 느껴졌고, 그만큼 김정일의 희생적인 노고 또한 부각되었다.

그런 의미에서 나는 3대 세습정권 초기에 드러났던 김정은의 스킨십, 특히 리설주의 파격적인 '수령 일가 패션'을 장성택과 많이 연관시켜 생각해 보게 되었다. 북한은 국가안전보위부 특별재판 기록에서 장성택이 당의 영도를 거부하고 내각총리를 꿈꾸며 쿠데타를 음모했다고 주장하였다. 아마 장성택도 '선대 수령'들의 유훈통치를 내세운 당 조직지도부의 시스템이 자신과 북한 운명의 최대 걸림돌이라는 것을 잘 알았던 것 같다. 북한 정권의 발표대로라면 장성택은 당의 영도 주체인 당 조직지도부를 부정하고 김일성 정권 초기처럼 사회주의 경제건설을 중시하는 내각 중심체제로 되돌려 놓으려고 했다는 설명이 된다. 가장 강력한 후견 세력이었던 김정은의 고모와 고모부의 그 뜻에 나는 개인적으로 김정은은 물론 리설주도 동참했었다고 본다.

김정은의 현지시찰 대상이 장성택의 인민보안부 내무군과 국가체육지도위원회에 많이 치우친 점도 있지만, 그보다는 리설주의 파격적인 행보 때문이다. 짧은 치마와 단발의 헤어스타일, 귀걸이, 목걸이, 김정은과 팔짱을 끼는 등 사치하거나 경솔해서는 안 되는 수령의 기존 전통문화와 관념에 과감한 도전을 보인 점이다. 3대 세습에 들어와서 젊은 김정은이 자신 있게 노출시킨 개인적 과시는 사실 그

것 외에는 큰 변화를 좀처럼 찾아볼 수가 없다. 수령이 모든 유행을 주도하는 북한체제의 특성상 지도자의 부인이 신식 문화를 주도했다는 것은 분명히 북한 주민들에게 어떤 변화의 메시지를 전달하고 싶어 했다는 의중의 반영이 아닐까 싶다.

장성택이 처형된 이후 리설주는 붉은 상의와 검은색 하의로 된 한복 차림의 여성으로 변했다. 그 색깔의 한복은 김정일의 생모 김정숙의 이미지를 상징하는 복장이다.

할아버지 흉내를 내는 김정은처럼, 리설주도 김정일의 생모인 김정숙의 '최고존엄' 안에 구속된 것이다. 리설주가 예전처럼 항상 김정은의 옆에서 팔짱을 끼고 붙어 다니던 자연스러운 모습의 동행이나 횟수도 장성택의 처형 이후에는 쉽게 보이지 않는다.

당 조직지도부는 수령주의 연예기획사이다. 그 고령자들의 구태, 경직, 완고한 원칙주의가 32살의 김정은에게서 젊음을 지워버린 것이 아닌가 싶다.

장성택의 처형 전후로 달라진 리설주의 옷

〔 8 〕
# 북한군은 대남 주도 권한이 없다

나 자신이 통일전선부에서 일했던 경험을 수령주의 설명에서 빼어놓을 수 없을 것 같다. 왜냐하면, 북한의 통치 지역이 아님에도 불구하고 대남전략에 있어서도 수령주의를 집요하게 추구했던 김정일이었기 때문이다. 오늘까지도 남북대화에서 북한의 주체는 통일전선부이므로, 그들이 보는 대남 관점, 자유민주주의의 다양성을 역이용하는 평화적 교전 방식, 수령주의에 구속된 적화 통일의 과정을 이해하는 것도 북한체제 이해의 한 부분이 될 것 같다.

현재 한국에서는 북한의 군 정찰총국을 너무 부풀려 보는 시각이 있다. 이는 김정일이 선군정치를 선언하자 마치 북한군 권력이 노동당보다 더 커진 것처럼 잘못 보았던 과거 실책의 반복이다. 북한은 시종일관 노동당 제일주의 체제이며 그 권위는 대남공작 분야에서도 어김없이 강요되고 있다. 북한 정권이 2009년경 당 대남공작부서들의 일부 기능을 군 정찰총국으로 흡수 통합시킨 것은 대남협박의 상징인 군 정찰총국의 위상을 인위적으로 부각시키기 위한 몸집 부풀리기이지 결코 당 대남 권한의 포기가 아니다. 노동당 소속의 35호실, 대외연락부, 작전부, 통일전선부가 실제적으로 존재하는 한 그 조직들의 주요 공작 기능들은 여전히 북한 정권의 대남공작 근간이 된다.

최근 김정남의 암살사건에서도 언론에서는 정찰총국 소행으로 모두 단언했는데, 나의 개인적인 소견으로는 당 35호실과 대외연락부의 공동작품이다. 사건 이전부터 약사 자격증을 가진 리종철이 가족과 함께 말레이시아에 거주한 행태는 전형적인 35호실 공작 수법이다.

엘리트 간첩 양성 기지인 35호실은 해외파견 특성상 거주 명분의 자격 여건을 우선시한다. 이미 한국에 입국한 35호실 출신의 고위 탈북민들만 봐도 간첩이라면 특별한 체격조건을 상상하는 일반 시각과 달리 그냥 보통 사람인 전문가 자격증 소유자들이다. 또한 김정남 암살 당일 4명의 북한 공범들이 말레이시아 경찰을 따돌리기 위해 여러 나라를 경유하여 평양으로 무사히 귀국한 것만 봐도 당 대외연락부와 무관치 않아 보인다.

당 대외연락부는 해외 조직망 구축과 그 기반을 위한 영주권 확보가 전문이다. 대외연락부는 해외 정보기관들의 의심을 피하기 위해 신분세탁 과정을 단순히 서류 조작, 혹은 조급한 단기성 침투 방식으로 해결하지 않는다. 실제적으로 보통 사람의 경력이 인정될 수 있는 수년간의 외국 거주나 이동 행적을 통해 완성한다. 만약 해외 정보기관이 신분 위장 흔적을 추적해도 그 반박 증거가 최소 몇 년 전부터 생생히 남아 있도록 철저한 과정을 거친다. 그 해외 루트와 경험, 물질적 지원, 필요 인맥의 대외공작 기반은 당 대외연락부의 존재 역사이자 최고 보안사항이다. 더구나 청부 살인을 위해 외국 여성들을 고용하자면 그 전에 상당한 시간과 해외에서의 접근 공작이 필요한데, 신생 조직이나 다름없는 정찰총국이 떠안기엔 경험으로나 구조적으로 보나 거의 불가능에 가깝다.

당 작전부는 주로 대남공작 루트 확보와 안내자 역할을 하는 관계로 체력 완성이 우선인 살인병기 양성기지이다. 다른 대남공작부서 요원들은 연락소 부원이라고 지칭하는 반면에, 당 작전부는 소속원들을 전투원으로 차별화하는 이유가 바로 여기에 있다.

한국이 북한의 해외 공작에 대해 크게 오판하는 또 다른 하나가 국가보위성 산하 간첩설이다. 국가보위성은 체제수호 전담 조직으로서 정치 감찰을 위한 내부적 업무에만 국한되어 있다. 국경 밖에서의 사전 차단 및 적극적인 방어 차원에서 중국이나 동남아 나라들에 해외 반탐처가 파견되어 해외자료를 수집하지만, 제3국이나 남한에 장기 목적의 간첩을 파견할 수 있는 권한은 애당초 갖고 있지 못하다. 자칫 엉성한 공작실패가 북한 대남공작부서 전체에 영향을 줄 수 있으므로 업무 분담을 처음부터 명백히 한다. 북한은 그 분권 시스템이 유일지도체제로 집중되는 것이지 여러 조직들이 상호 경쟁하는 다양성의 시스템이 아니다.

음지에 있는 다른 대남공작부서들과 달리 북한의 통일정책을 정면에 내세우는 통일전선부는 비교적 공개적이다. 그러나 실제는 그 공개 창구를 역이용하는 교류, 포섭, 대북지원 유인, 심리전과 같은 비공개 기능들이 더 발달되어 있다. 특히 북한 정권의 통일정책이나 대남 입장을 총괄한다는 의미에서 전략기획의 두뇌 역할을 한다. 이는 서해교전을 예로 들어 설명할까 한다.

1999년 2월 초 통전부에 초비상이 걸렸다. 남한과의 교전을 기획하라는 김정일의 극비 지시가 내려졌던 것이다. 통전부 실무자들은 처음에 당황했다. 당시로 말하면 현대그룹 정주영 회장과의 투자합의가 어느 정도 실천 단계에서 구체화되던 때였다. 더욱이 김대중 전 대통령이 대선 공약으로 내세운 햇볕정책을 두고, 김정일이 남한의 경제협력만을 흡수하는 햇볕정책 역이용 전략을 지시하여 통전부의 모든 역량이 대북지원 유인 전략을 준비하던 때였던 것이다.

그렇다면 김정일은 왜 하필 그 시점에 남한과의 교전을 지시했을까? 목적은 크게 세 가지였다.

우선 첫째는 햇볕정책 역이용 전략을 앞두고 체제 내부 결속을 위해서였다. 남한의 대북지원으로 인해 적대감이 희박해지는 북한 주민들의 의식변화는 '체제 불만'을 넘어 '체제 위협'이 될 수도 있는 요인이었다. 이를 방지하기 위해서는 '남조선은 북침의 기회를 노리는 민족의 적'이라는 실체적인 증거가 필요했던 것이다.

둘째는 당시 남한의 보수 야당에서 햇볕정책에 대립하여 상호주의를 들고 나왔기 때문이다. 북한정권은 고난의 행군시기 대량 아사를 막기 위해서는 기필코 남한의 대북지원을 수용할 수밖에 없었다. 그런데 만약 김대중 정부가 당시 보수 야당의 의견을 받아들여 햇볕정책에 상호주의를 부분적으로나마 적용하게 된다면 그러지 않아도 극도의 체제불안을 느끼는 김정일 정권으로서는 그 쌀마저도 포기할 수밖에 없었다. 그리하여 쌀은 받되 체제는 양보할 수 없다는 강력한 군사적 메시지를 보낼 필요가 있었던 것이다.

마지막으로 셋째는 협상력을 높이기 위해서였다. 남한은 줄 돈이라도 있지만 아무것도 갖지 못한 북한은 평화 협박만이 협상 가치를 최대한 높일 수 있는 유일한 출로였다. 그래서 통전부는 남한의 대북 투자 기업들을 육지로 안정적으로 유인하기 위해서 대화는 테이블에서, 군사도발은 바다에서 벌이는 서해교전 안을 기획하여 김정일에게 보고했다.

김정일은 그 기획안을 보고 남한 기업들과 대북 식량지원을 안정적으로 끌어들이면서도 다른 쪽에선 체제 갈등을 계속 극대화할 수 있는 획기적인 아이디어라고 극찬했다.

사실 서해교전 아이디어는, 통전부 간부들의 말에 의하면, 1991년 남북기본합의서 도출 과정에서 얻었다고 한다. 1989년부터 진행된 남북고위급 예비회담시 북측 대표가 협상 우위 선점을 위한 대립 과정에서 서해 경계선 문제를 우연히 꺼냈는데 남측 대표가 과도하게 반응했다는 것이다. 그 점을 중요한 단서로 기록했던 통전부는 김정일의 교전 지시가 떨어지자 과거의 협상에 대해 연구하던 중에 교전의 근거로 포착했던 것이다.

2차 서해교전 준비의 일환으로 2002년 김정일이 해군사령부를 방문한 자리에서 동서남해에 둘러싸인 한반도 지형을 강조하면서, 그 때문에 오늘날의 최전선은 비무장지대가 아니라 바다라고 말했다는 이유가 바로 여기에 있다.

1999년 6월 15일 북한의 도발로 발발된 1차 남북 서해교전은 북한의 처참한 군사적 패배로 끝났다. 그러나 김대중 정부의 평화 인내심을 발견한 북한은 정치적 승리를 자신했다. 그리하여 통전부는 대외적으로는 북의 핵정치를, 대내적으로는 NLL 정치를, 고착시키기

북한 해군사령부 김윤심 사령관

위한 전략에 돌입하게 된다.

북한이 연평해전 직후 남북군사회담에서 서해 경계선 재설정 제안을 내놓은 것은 〈도발 단계〉에서 〈관리 단계〉로 이행하는 절차이기도 했다. 이를 바탕으로 서해상 경계 문제를 남북협상에서 우위를 점하는 데 활용할 수 있는 장기적인 카드로 만들어 나간다는 복안이었던 것이다. 통전부가 2차 서해교전을 서울 월드컵이 진행되던 2002년 6월로 정한 것도 이러한 NLL 전략의 연장선에서 북방한계선 문제를 국제화하기 위한 것이었다.

2차 서해교전은 통전부의 기획안에 따라 북한 해군사령관 김윤심 대장이 총지휘한 사건이다. 김윤심은 연평해전 주역으로서, 서해함대 사령관으로 근무하다가 2차 서해교전이 발발하기 전인 2002년 4월 13일 김일철 인민무력부장의 뒤를 이어 갑자기 해군사령관으로 승진한 인물이다.

2002년 5월 1일, 김정일의 해군사령부 현지시찰을 소개한 노동신문 사진

2002년 5월 1일, 김정일은 국제노동절에 맞춰 정례화하던 공장시찰 전통을 깨고 불쑥 해군사령부를 시찰하여 서해교전과 관련한 점검을 하게 된다. 노동신문 2002년 5월 2일 자 사진을 보면, 김정일 가까이 섰던 군인들 대부분이 연평해전 참전자들이거나 그 부대 지휘관들이다.

그날 해군사령부 관제실에 들어선 김정일은 전광판 안내를 맡은 지휘관이 "적군과 아군이 똑같이 점으로만 표시되어 속도가 느리게 움직이는 점을 아군으로 파악하는 실정"이라고 설명하자 매우 불쾌해 했다고 한다. 경비함이 낙후해서 대부분 선상에서 싸울 수밖에 없는 전투 환경 때문에 김정일은 함선에 방탄 철갑을 입히라고 지시했지만 그마저도 쉽지 않았다.

그럴 경우 중량 문제로 대신에 탱크 포를 내려놓아야 하는데 T-34 탱크에서 포신만 떼어내서 배에 부착한 이 포는 파도가 아무리 높아도 조준점을 변함없이 유지할 수 있어서 북한 경비함의 장점으로 꼽히는 무기이다.

결국 방어설비보다는 화력을 보완해야 한다는 결론으로 소련제 다발식 고사총을 추가 설치하는 방식의 재무장을 한 채 북한은 2002년 6월 29일, 한국과 터키의 서울월드컵 3, 4위전이 벌어지던 날 2차 도발을 감행하게 된다. 서울 88올림픽 때에는 은밀히 대한항공 소속 KAL기 테러 폭파를 감행했지만, 2002년 월드컵 때에는 아예 대놓고 군사 교전을 벌인 셈이다.

국제적 비난이 집중되자 김정일은 통전부 실무자들, 김윤심 해군 사령관, 경비함 함장만이 알고 있었던 그 모든 책임을 8전대 사령관 등 애매한 장성 몇 명을 해임시키는 방식으로 대처했다. 그들은 훗날 명예회복은 물론 영웅으로 내세워져 남한에 대한 적대 선전의 주인공들로 활용되었다. 만약에 한국 정부가 그동안 대북 지원은 대북 지원대로, 원칙은 원칙대로 대북정책을 추진했다면 북한이 천안함, 연평도를 공격하는 일은 감히 상상조차 하지 못했을 것이다.

2002년 서해교전 이후 나는 통전부 간부들과 함께 조선인민군 제11호 병원에 입원한 북한 해병들을 면담한 적이 있었다. 평양시 대동강구역 문수동에 위치한 조선인민군 11호 병원에 도착하니 외과병동 중 건물 하나를 해군사령부 8전대 부상병들을 위한 특별병동으로 봉쇄하고 무력부 보위사령부 군인들이 지키고 있었다. 그 이유는 아군의 승리만을 선전하는 북한에서 처참한 상처를 입은 부상병들이란 있을 수 없기 때문이다.

우리는 일단 교전 참전자들을 침실 한 곳으로 불러 모았다. 12명 정도였는데 18~19세 군인들이 그 중에서 5명이나 되었다. 함께 갔던 국장이 통전부에서 나왔고 교전 경험을 위에 보고하기 위해서라고 간단히 설명했다. 그러면서 영웅담을 듣기 위해 나온 것이 아니니 교전 소감을 솔직하게 말하라고 덧붙였다.

그때 문이 열리며 온몸에 붕대를 감은 한 해병이 휠체어에 실려 왔다.

그러자 그를 가리키며 모두가 합창하듯 말했다.

"저 애는 온몸에 맞은 파편이 230개예요."

"???"

경악하는 우리에게 군의관이 렌트겐 필름을 한 장 보여주었다. 교전 참전자들 중 군관이 말했다.

"파열탄에 맞았습니다. 위에서 터지는데 파편 수백 개가 우박 떨어지듯 합니다."

가장 나이 어린 해병이 끼어들었다.

"정말 솔직하게 말해도 됩니까?"

"그래그래, 그냥 너희들 생각을 편하게 말하면 돼."

"사실 다 무섭지 않은데 그 파열탄이 제일 무섭습니다."

그러자 여기저기서 한 마디씩 했다.

"놈들은 전투준비! 하면 모두 갑판 밑으로 사라지는데 우리는 전투준비! 하면 모두 갑판 위로 올라가요. 그런 상황에서 저 파열탄만 터지면 전투 능력이 우선 1차적으로 상실돼요."

"영화에서 보면 전투 중에 서로 이름을 부르는데 당해 보니깐 그
건 완전한 거짓말이에요. 일단 포 소리만 한 번 울리면 귀에서 쨍-하
는 울림밖에 더 없어요. 그래서 우린 서로 찾을 때 포탄 깍지로 철갑
모를 때리며 소통했어요."

자기를 상사로 소개한 해병이 말했다.

"한 가지 제기해도 좋습니까? 놈들의 배는 부럽지 않은데 제일 부
러운 게 방탄조끼입니다. 방탄조끼는 비싸니깐 우리에게 목화 솜옷
이라도 주면 파편이 덜 들어가겠는데…"

내 옆에 서 있던 국장은 그의 말을 특별히 줄까지 쳐가며 메모했
다. 전투 전반에 대해 구체적으로 말해 보라는 국장의 말에 군관이
입을 열었다.

"그날 함장이 평양에 갔다 온 날이어서 우리는 느슨하게 출항 준
비를 하고 있었습니다. 그런데 함장이 그날따라 배에 기름을 가득 채
우라고 지시하는 것이었습니다."

내가 물었다.

"평일엔 기름을 가득 안 채웁니까?"

"사실 채울 기름이 없습니다. 그나마 기름이 성상적으로 보장되는
함선이란 것이 구축함뿐입니다. 현재 우리 해군에 소련제 50년대 구
축함이 두 대 있는데 한 대는 동해에, 한 대는 서해에 있습니다. 그런
데 기름이 없어서 순찰을 못하고 작전지역에 진입하면 정박한 채 레
이더 감시만 하다가 돌아오곤 합니다. 우리 경비함 같은 경우엔 기름
공급이 더 부족한 형편입니다. 순찰이 아니라 한 번 북방한계선 근처
에 나갔다 오는 정도입니다. 그리고 항에 돌아오면 남은 기름을 군관

들이 몰래 빼서 난방용으로 집에 가져가기 때문에 처음부터 연유부에서 절반씩밖에 안 준 지 오래됐습니다."

상사 해병이 불만조로 보탰다.

"우리는 도색감도 받아본 지 오래됐습니다."

"그건 뭔데요?"

"배는 물 위에 항상 떠 있기 때문에 선체에 골뱅이와 같은 해류들이 가득 달라붙습니다. 그러면 속도가 느려지죠. 도색감을 정기적으로 발라주어야 해류 방지도 되고 속도에도 제한이 없겠는데 그것도 없다니깐요."

그 말이 끝나기를 기다리던 군관이 다시 입을 열었다.

"그날 함장이 기름뿐 아니라 포탄과 탄약들도 만장탄하라고 지시하였습니다. 그리고 배 앞에 붙인 레일도 확인하더니 다시 더 단단하게 용접하라고 하였습니다."

"배 앞에 웬 레일이요?"

내가 물었다.

"전번 1차 때 충돌 싸움부터 시작했었는데 그 애들 철갑이 굉장히 단단해서 우리 배가 찢어지더라고요. 그래서 고심하던 함장이 창안한 겁니다. 레일을 붙이면 승산이 있을 거라면서요."

"그럼 그 철의 강도 문제는 전번 1차 때 제기 안 했었습니까?"

"했죠. 장군님께도 보고돼서 장군님께서 세상에서 가장 강한 철갑으로 무장해 주라고 지시하여 연형묵 자강도 당책임비서를 비롯해서 자강도 군수공장 기술자들이 몇 번이나 우리 배에 다녀왔습니다."

"그런데 해결 안 됐는가요?"

"장갑을 두껍게 하면 함선이 기울기 때문에 대신에 탱크포를 내려야 하는 문제가 제기됐습니다. 사실 우리 함선의 위력은 탱크포입니다. 아무리 파도가 심해도 정조준을 유지할 수 있고 또 포탄의 위력이 세서 놈들 함선에 구멍이 펑펑 납니다. 그런데 그런 위력을 없애면 속도도 상대적으로 느린데 싸움이 됩니까? 그래서 고심 끝에 철의 강도 대신에 화력을 더 보강하는 쪽으로 채택됐습니다. 놈들 자동포는 분당 3,000발씩 나오는데 우리는 600발 정도거든요. 그래서 1차교전 후 소련 4구경 발칸포를 올려놨습니다. 그거면 우리도 분당 1,500발을 쏠 수 있거든요."

이때 나이어린 해병이 재잘거렸다.

"그것도요. 우린 다 갑판 위로 올라가서 쏘는데 그놈들은 어디서 쏘는지 보이지도 않아요. 그놈들 함선 무섭게 발전했어요."

"조용하지 못해 이 xx야!"

상사가 침대에 있던 베개를 집어던졌다.

"야, 너도 찍소리 마!"

군관이 상사의 과격한 행동에 이렇게 일침을 가하고 나서 다시 이어갔다.

"기름과 탄약들을 가득 채우고 쉬고 있는데 이상하게 배를 꼼꼼히 점검하던 함장이 이번엔 격노해서 기관장을 소리치며 불렀습니다. 보조 조타가 고장났는데 당장 수리하라면서요. 보조 조타란 기본 조타가 고장났을 때 수동적으로 배를 움직일 수 있는 장치입니다. 지금 생각해 보면 그때 만약 함장이 그 보조 조타 수리를 지시하지 않았으면 우린 살아오지 못했을 겁니다."

"왜요? 그 보조 조타 덕이란 게 무엇인데?"

"놈들 폭탄에 기관실이 맞았는데 기본 조타가 말을 듣지 않았습니다. 그래서 우리 함선은 한동안 한자리에서 빙빙 돌기만 했습니다. 아마 놈들도 이상하게 생각했을 겁니다."

막내 해병은 이번에도 못 참고 끼어들었다.

"그때 봤어요? 놈들이 갑판에 나와 쭉 서서 구경하더라고, 아 그때 쏴야 하는 건데…"

그 말에 어린 해병들은 웃으며 우쭐했지만 나이 든 해병들은 침통한 얼굴이었다.

"전투 상황을 좀 설명해 주세요."

"우린 놈들 배에 접근해서 충돌을 시도했어요. 함장이 지시해서 발포도 우리가 먼저 시작했고요. 근데 놈들의 첫 포탄에 함장이 먼저 죽었어요. 우리의 함선 규정에는 싸움을 시작할 땐 함 보위지도원의 동의가 있어야 합니다. 함 보위지도원이 정치지도원을 겸하거든요. 그래서 함장 대신 그때부터 보위지도원이 지휘했습니다. 그날은 우리가 작심하고 나갔으니 놈들의 배가 손실이 컸습니다. 작전이 더 길어지면 화력 우세나 함선 우세에서 우리가 밀리기 때문에 손실은 불가피했습니다. 마침 전대사령부와 실시간으로 통신하던 조타수가 달려와서 전대의 철수 명령을 전했고, 우리는 보조 조타로 조종하며 돌아왔습니다. 신기한 것은 함장 딸이 세 명이거든요. 근데 죽은 함장 몸에서 세 개의 파편이 나왔습니다."

국장이 의미심장하게 물었다.

"이제 다시 싸우라면 싸울 용기가 있어? 어때? 할 수 있지?"

해병들은 군인 식으로 일제히 "예!"하고 합창했다.

그러나 그날 해병들의 용기에서 나는 다른 점도 엿볼 수 있었다.

나이 어린 해병들은 영웅 심리에 들떠 있었지만 나이 든 해병들일수록 한국군의 선진화에 당황하고 겁을 먹은 눈치였다.

우리가 나올 때 군관은 따라 나오며 애원하다시피 말했다.

"정말 방탄조끼는 아니라도 좋으니 목화 솜옷을 좀 해결해 주십시오, 그것만 입어도 애들 저렇게까지 심하게 부상당하지 않습니다."

2차 교전 결과를 보고받은 김정일은 1차 교전은 진 전투였다면 2차는 이긴 전쟁이었다며 8전대 해병들에게 감사와 선물을 보냈다. 함장은 공화국영웅 칭호를 받았고 보위지도원은 국기훈장 1급을 수여받았다. 다른 해병들에게도 국기훈장 2, 3급과 함께 김정일 이름이 박힌 칼라TV가 선물로 하달됐다. 함장은 세 딸에게 남긴 아버지의 유산이란 내용으로 된 "세 파편" 연극의 주인공으로 부활했다.

나는 한국에 온 후 북한 해병들과 나누었던 인터뷰 내용을 어느 언론사에 기고한 적이 있었다. 아마 서해교전과 관련한 북한 해병들의 전투 경험이 세상에 처음 알려진 계기였을 것이다. 글이 인터넷에 확산되면서 기자들이 국지전에서 사용이 금지된 파열탄 사용 여부와 관련하여 국방부에 해명을 요청했다. 이에 한국의 군 관계자는 "대청해전 당시 2개 고속정 편대에서 20mm 발칸포와 40mm 함포 4,950발을 쏜 것을 비롯해 후방에 있던 울산급 호위함 전남호(1,800t)와 초계함 순천함(1,200t)에서도 76mm 함포 10여 발을 발사해서 아군 고속정 지원에 나섰는데, 이 포탄에 일부 파열탄이 섞여 있었던 것으로 안다."고 처음으로 공식 인정했다.

통전부의 포섭 공작도 조금 설명하지 않을 수가 없다. 북한의 대표적인 포섭 공작은 미인계이다. 때로는 평양을 자주 방문하는 대북 지원자들에게 대북지원 영수증을 부풀려 조작해 주는 방식으로 물질적 함정을 파고, 차후 그 약점의 대가로 다양한 요구를 들이댄다.

대남정책 분야에서는 절대권한을 가진 통전부라도 내부 당 생활에서는 당 조직지도부의 관리 대상에서 자유로울 수가 없다. 내가 평양시 중구역 련못동에 위치한 통일전선부 101연락소에 배치받은 해는 1998년이다. 당시 통일전선부의 분위기는 살벌했다. 당 조직지도부의 집중 검열을 받던 중이었다.

그 사연은 이러했다. 1995년 7월에는 당 선전선동부의 시인 김만영, 그리고 1997년 7월에는 조선인민군 문예창작사 신병강이 김일성 영생 서사시를 내놓아서 김정일을 감동시킨 일이 있었다.

서사시 경쟁에서 뒤질세라 최고의 문학 필진을 갖고 있다는 통일전선부도 1998년 7월에 101연락소 5국의 최승칠과 오현락의 합작으로 "빨치산의 아들"이라는 작품을 내놓았다. 그러나 김정일은 통일전선부의 수준이 이게 다냐며 거세게 질타했다. 그러자 5국의 임시국장이던 박철이, 임동옥 제1부부장의 인맥 인사로 김상오(북한의 3대 시인) 이후 문학 인재의 대가 끊어졌다는 내용으로, 당 조직지도부에 신소(申訴)했다. 직원들은 김용순의 사주로 신소가 발생했다고 수군거렸다.

통일전선부는 내가 탈북했던 2004년까지도 김정일이 부장 대행을 하는 제1부부장 직제로 운영되고 있었다. 당 조직지도부의 검열이 조여오자 서사시를 빨리 내놓으라는 임동옥의 독촉도 거세졌다. 시(詩) 담당 부서인 101연락소 5국 19부는 직원이 고작 8명이었다. 문학도 아니고 대남심리전도 아닌 어정쩡한 자기 직업에 평소 불만이 많았던 터라, 직원들은 의욕이 없었다. 실력도 과거 월북작가 선배들에 비하면 한참 뒤처져 있었다. 월북작가 선배들에게는 남한문학 '현지화'란 말조차 굳이 필요 없었지만, 김일성종합대학 어문학부 졸업생들인 후배들에겐 제일 어려운 과제였다. 정서의 현지화, 어감의 현지화 감각이 전무한 탓에 일단 마구 써놓고 원고가 완성되면 북한 단어들을 한국 단어로 바꾸어 버리는 식이었다. 그것도 외울 필요 없이 쉽게 일을 하려고 아예 각자의 책상 위에 남북한 비교 단어 목록을 만들어 놓았다.

'전국' - '경향', '분단' - '금단', '철조망' - '철책선', '자부심' - '자긍심', '경애' - '경모' 등 통일과 수령 칭송에 꼭 필요한 극소수의 한국 단어 목록만 추려 놓을 뿐이었다. 그렇다고 한국 단어가 다 허용되는 것은 아니었다. 대한민국의 국가성이 인정되는 '대한민국', '한국', '대동녕', '정부'는 금지어로 했다. 남한은 국가와 국민성을 부정하는 관점에서 '이남'으로, 북한은 분단의 상대개념에서 '이북'으로 표기하도록 했다. 운동권 단어들을 적극 수용하고 반영하라는 지시에 따라 별도로 운동권 단어 목록을 만들어 쓰기도 했다. 한국 단어들의 사용이 상대적으로 적다는 이유로 18부 소설 부서 작가들이 19부 시인들을 매일 부러워할 정도였다.

북한에서 서사시는 아주 유명한 시인들에게만 부여되는 1호(수령 창작 권한) 특권이다. 신소 대상으로 지목되어 초조했던 임동옥이 직접 주제 발표에 참석하는 바람에 신입 직원인 나에게도 서사시 특권의 기회가 주어질 수 있었다. 내가 쓴 서사시가 김정일을 만족시키자 임동옥은 평가를 받게 되고 거꾸로 신소를 했던 사람이 혁명화 처벌을 받는 것으로 당 조직지도부의 검열은 종결되었다. 바로 그 직전까지 당 조직지도부 부원들에게 한동안 시달려야만 했던 통일전선부의 간부들을 보면서 나는 높은 담장부터 남달랐던 '3호 청사'(북한에서 당 대남공작부서를 우회적으로 지칭하는 용어)에 대한 신비감이 사라졌다. 서사시 최종 결재 시간을 앞두고 임동옥의 사무실에 자주 불려갔던 나는 임동옥의 업무를 잠깐 들여다볼 기회가 있었다.

가장 인상 깊었던 것은 책상위에 두 대의 컴퓨터가 설치돼 있는 점이었다. 내가 컴퓨터들을 신기하게 들여다보자 임동옥은 자랑하듯이 한 대는 통전부 내부용이고 다른 한 대는 순수 장군님의 지시사항만 전달받는 컴퓨터라고 설명했다. 김정일 지시 전용 컴퓨터에는 로고 대신 붉은 바탕에 노란 색의 망치와 낫, 붓이 새겨진 당 마크가 박혀 있었다.

임동옥은 서사시의 완성을 위해 최종적으로 시어들을 수정, 고민하는 와중에도 과장들이 들고 온 결재 문서들에 일일이 묻고 답했다. 내가 가장 의아했던 점은 휘발유 결재 사인이었다. 임동옥은 옛날엔 자기가 이런 일까지는 안 했는데 기름이 하도 부족해서 이젠 부서장 사인이 없으면 중앙당 차 관리소에서 배차를 아예 안 해준다는 것이었다. 과거엔 각자 한 대씩 본부 대기차(당 대남공작부서 차량 앞 번호

는 07이다.)를 배정받아 편하게 출장을 나갔었는데 이제는 긴급사항
이 아닌 이상 같거나 비슷한 방향에서 업무를 보는 2명 이상이 공동
탑승해야 대기차가 허락된다고 했다.

나는 임동옥의 개인 충성 시집을 써주기 위해 통전부장 전용 '의
암초대소'에도 자주 호출을 받았었다. 사무실 분위기와 달리 사적인
그 공간 안에서 나는 간부들의 한담 속에서 노출되는 통일전선부의
짧은 역사들을 종종 엿들을 기회가 있었다. "지금은 남조선 놈들이
교류하자니깐 '조평통'이 우쭐해하지만 옛날에는 101이 통일전선부
에서 최고였어."

통일전선부의 대남정책이 김일성을 구심점으로 하는 적화통일로
성공하려면 그 심리전의 주력인 대남 문학 설득이 우선일 수밖에 없
었다는 것이다. 김정일이 대남 분야에서도 김일성주의를 제기한 것
은 인민무력부의 무력통일정책 주도 권한을 차단하기 위해서였다.
당의 만능인 김일성주의를 내세운 적화통일로써 대남 권한을 군에서
당으로 이관시켜야만 권력도 주도할 수 있었던 것이다.

북한이 김일성 중심의 고려연방제를 자신 있게 주장한 것도 그
무렵이다. 그러나 1976년까지는 고집불통의 최현이 인민무력부장으
로 버티고 있어서 군부 내에서의 독자적인 권력도 완강했다. 최현을
설득할 수 없었던 김정일은 당 안에 군부와는 별도의 대남공작 부서
들인 조사부(35호실 전신), 연락부, 통일전선부를 신설, 재정비하는 것
으로부터 이원화 작업에 돌입했다.

마침내 오진우가 인민무력부장으로 임명되면서부터 내각과 마찬

가지로 군도 당 조직지도부의 지도 대상으로 전락했고, 대남 주도권
에서도 당에 완전히 밀리게 되었다. 1953년 휴전 이후 김정일의 당
조직지도부 후계 권력이 공고화된 시점인 1980년까지 북한의 대남
도발 역사를 들여다보면 그 전환점을 엿볼 수가 있다. 1968년 '프에
블로호 나포 사건', 같은 해 '1·21청와대 기습사건', 1976년 '판문점
도끼만행사건' 등 70년대 이전의 모든 도발은 인민무력부가 주도했
었다. 반면에 1983년의 '아웅산 테러 사건', 1987년의 'KAL기 폭파
사건', 그 외의 각종 남한 내의 간첩단 사건들은 당 산하인 연락부와
조사부(35호실 전신)가 감행했다. 그들을 남한으로 안내하는 침투조
직 또한 군의 정찰국이 아니라 당 작전부였다.

통일전선부는 김정일이 부장 직책을 직접 챙길 만큼 대남정책의
총체적 두뇌 역할을 수행했다. 북한 정권이 통일정책의 대의명분으
로 내세우는 합법성과 그 상징성에 남한을 포위하는 통일전선 세력
을 규합하는 비합법적 공작이 병행되었다. 통일전선부의 합법적 사
업들에는 대화와 교류협력이 있는데, 이 일에는 해외동포 사업을 전
담하는 조국평화통일 서기국이 정면에 나선다. 비합법적 기구들로는
대남심리전 부서들과 남한 인사 포섭 전문 연락소들이 있다.
김정일은 그 어떤 공작부서보다 통일전선부에 대한 기대가 컸다.
그 이유는 북한정권의 3대 주적인 반미·반일·반정부 성향의 남한
민주화 세력을 통일전선부의 중대한 통일자산으로 보아서이다. 민주
화운동을 부추기고, 그 운동 이념에 김일성 중심의 고려연방제를 심
어놓는 것이 통일전선부의 존재 가치이자 목표였다. 그래서 조직 구

성도 남한의 민주화 운동을 상대로 설계되었다.

우선 101연락소는 6.25전쟁 때의 월북작가들을 모체로 만들어진 대남문화연락소이다. 남한의 작가와 시인들의 명의로 된 반정부, 반미, 고려연방제 등 적화통일을 주제로 한 문학창작이 그들의 주 업무이다. 101연락소가 만든 문학작품들은 일본에서 종이를 수입하여 활자까지 모방하여 813연락소에서 인쇄하였다. 그 불온서적들이 조총련 기관을 통해 남한으로 단 한 권만 흘러들어가더라도 그것이 확산될 수 있다는 자신감에서 101연락소는 쾌재를 불렀다.

적화통일의 관문을 연다는 의미에서 개관(開關) 연락소로도 통용되는 26연락소는 전파침투 연락소이다. 과거 운동권 출신들이라면 누구나 한 번쯤은 들었을 '구국의 소리방송' 기지가 이곳이다. 당시 북한에서 제일 높은 인공 건물인 조선중앙방송위원회 방송수신탑을 통해서 전파심리전을 벌였다. '구국의 소리방송'은 행위 주체가 북한이 아닌 남한 내의 자생적인 민주전선 조직으로 위장하였다.

그 방송의 일부 기능인 칠보산 전자악단(1990년 초 북극성 전자악단으로 개칭)은 김정일이 파티에 초대하여 즐겨 듣던 남한 가요 전문악단이다. 남한 가수들의 창법 그대로 남한 유행가들을 개사하거나 직접 운동권 가요를 창작하여 침투시켰다.

개성에 기지를 둔 310연락소는 인민군의 적공국(敵共局)(군 정찰국 소속으로 대남전문 교란기지)이 뿌리는 북한체제 홍보성 삐라와는 달리 남한 내에 실존하는 시민단체나 NGO 명의를 도용한다. 남한의 삐라로 위장하여 남한 내부를 교란시키기 위해서이다.

수령종교 체제인 북한에서 엄연히 불법인 종교단체들과 야당도 통일전선부에 포함되어 있다. 여기에는 기독교, 불교, 천주교, 천도교와 북한의 제1야당을 자처하는 사회민주당이 포함되어 있다. 그 조직들은 위장명칭을 내세워 남한 및 해외교포들을 상대로 '종교 교류', '민족 교류', '통일 교류'의 공작을 추진하고 있다. 그들의 임무는 종교 교류를 내세운 대북지원을 유도하는 한편, 남한의 종교인들을 포섭하는 것이다. 주로 미인계나 대북 영수증을 부풀려 조작해 주고 나중엔 그들의 도덕성에 죄를 심어 물고 늘어지는 방식이다.

2002년 통일전선부의 연간 총회에서는 장춘성당 신부로 파견된 과장이 국기훈장 1급을 수여받은 적도 있다. 한국 종교인들의 방문을 앞두고 성당 안에서 찬송가를 훈련했는데, 아마 그 소리가 밖으로 새어나갔던 것 같다. 열려진 대문 안으로 십자가를 봤다면서 한 노인이 제 발로 찾아들어 왔다. 해방 후에 예수님을 잠깐 믿었었는데 당에서 믿지 말라고 해서 그동안 잊고 살았다는 것, 찬송가를 들으니 옛날 추억에 이끌려 들어왔다는 것이었다. 그러면서 이제는 성당도 짓고 문도 열어 놓았으니 합법이냐고 묻기까지 했다. 평생 정체를 숨기고 살았던 종교인을 색출한 공로로 훈장을 받은 과장의 무훈담은 한동안 통일전선부 내에서 화제가 되기도 했다. 통일전선부 내에는 남한 내의 반정부 성향의 시민단체들을 친북활동으로 유도하고, 또 직접 관리까지 하는 '교류과'가 있다.

노무현 정부 시기 중국 심양에서 일부 진보단체 대표들이 북한 공작원과 밀담을 가졌다가 적발된 "일심회" 간첩단 사건이 있었다. 그때 회의를 주도했던 북한인 전응렬이란 사람이 바로 통일전선부 교류과의 간부이다.

최근에 북한은 '조국평화통일위원회'(약칭 조평통)를 국가기구로 격상시킨다는 공개 선언을 했다. 이에 대해 한국 언론들은 김정은 정권의 남북관계 격상으로 부풀려서 보도하고, 일부 학자들까지 가세하면서 기정사실처럼 못 박았다. 그러나 '조국평화통일위원회'는 북한의 통일정책을 대변하는 상징적 기구일 뿐, 그 이상도 이하도 아니다. 이는 국방위원회가 북한 최고 권력기구의 상징성에만 충실해 왔던 것과 비슷하다. 건물은 물론 근무하는 직원도 전혀 없다. 사실상 선언적으로만 존재하는 대남성명 기구이다. 단, 북한의 통일 정책을 대외적으로 총괄해서 표방하는 상징적인 기구이기 때문에, 북한 정권의 대남성명이나 보도문 중에서는 공화국정부 다음으로 수위가 높다. 그 무게를 부각시키기 위해서 조국평화통일위원회 구성원들은 북한 최고인민위원회, 당, 내각, 외무성, 각 사회단체 등의 최고위직들을 골고루 포함시킨다. 이를테면 대남성명에 내한 북한의 정권 의지와 결집력을 과시하는 수단이다. 당 국제부 비서였던 황장엽 선생도 1986년 경에 조국평화통일위원회 부위원장을 역임했었다.

북한 정권은 조국평화통일위원회의 실체와 다양한 역할을 포장하기 위하여 산하 단체를 조국평화통일서기국이라고 주장한다. 그래서 '조국평화통일서기국'의 서기국장은 통일전선부 내에서 통일전선부장 다음의 제2인자 권한을 가진다. 통일전선부 안에서 '어머니 연락소'로 통용될 만큼 서기국이 종합적 역할을 하기 때문이다. 북한이 이런 '서기국'을 해산시키고 '조국평화통일위원회'를 국가기구로 격상시킨 것은 일각의 주장처럼 북한의 부분적 대남업무를 통일전선부에서 '조국평화통일위원회'로 이관한 조치가 아니다. '조국평화통일위원회'가 통일전선부를 밀어내고 남한의 통일부로 새롭게 등장한 것은 더욱 아니다. 업무의 전문성을 집중 관리하는 것도 북한 고유의 유일지도체제 방식이다. '서기국'의 해산은 그동안 축적된 '서기국'의 대남 실무와 경험을 보다 은밀하게 통일전선부 내부로 집중시켜서 궁극적으로는 향후 남북관계에서의 공식 및 비공식 경계와 범위를 더 확대하겠다는 계산이다. 즉 '서기국'에서 '조국평화통일위원회'로의 상승 과정과 절차를 단순화하고, '조국평화통일위원회'를 표면상 국가기구화 한 상태에서, 통일전선부는 내부적인 음성적 공작에 집중한다는 것이다.

한편 북한의 대남정책이 내부적으로 큰 틀에서 바뀌었다는 해석도 가능하다. 과거에는 선언적인 '조국평화통일위원회'와 실무적인 '서기국' 사이를 오가며 평화 공갈과 체제 이익의 효과를 극대화했었다. 그러나 북핵을 아예 국책으로 못 박은 지금에 와서 남한으로부터의 경제지원은 더 이상 '서기국' 수준의 전담 창구로써는 가능하지 않다고 판단한 듯하다. 중국까지 제재의 팔을 걷어붙이고 나선 상황에서 설사 남한에 햇볕정책 계승 정당이 집권한다고 하더라도 예전처럼 오순도순 나눌 수 있는 분위기가 아니다.

북한 스스로가 대남 몸집을 부풀려야 한반도 정세의 그 어떤 변화에도 책임과 명분의 구실을 대내외적으로 거창하게 주장할 수 있다고 판단한 것이다. 그리하여 말로 하는 조국평화통일위원회와 행동을 하는 통일전선부의 중간 위치에 있던 서기국을 해산하고 북핵으로 인한 자신감을 바탕으로 평화협박 대 평화조건 요구를 공세적으로 하겠다는 의도로 해석된다.

# 〔 9 〕
# 수령주의는 수령 개인의 것이 아니다

세계는 김일성 생존 시에는 오로지 김일성의 일거일동만 주시했었다. 당 총비서이자 국가주석으로서의 외교활동과 주민 현장지도만 부각되었을 뿐인데, 그 대외적 권위를 1인권력으로 단언했다. 김일성이 지미 카터 미국 전 대통령과 개인면담을 하건, 한국의 김영삼 전 대통령의 평양방문을 주도했건 간에, 북한의 오늘은 달라진 것이 하나도 없지 않은가.

김일성이 사망하자 국제사회에서는 북한이 곧 와해 붕괴될 것이라는 온갖 억측이 쏟아지기도 했다. 황장엽 선생이 초등학생을 갖다 앉혀 놔도 북한 시스템은 자동적으로 굴러가게 돼 있다고 못 박은 명언도 바로 수령 공백 시점의 외국기자 질문에 준 답이다. 당 조직지도부가 당 조직생활을 통해 빈틈없이 장악 통제하는 사회인데도 국제사회는 그때나 지금이나 수령 개인의 권한으로 움직여지는 단순 독재로 잘못 보고 있다. 김일성의 생존 때처럼 김정은의 대외성만을 끈질기게 추적하는 외형적 시각에 머물러 있다.

김정은이 진짜 수령 유일지도체제의 주인공이 되려면 지도의 수령이 아니라 지배의 수령이 되어야 한다. 그러자면 당 조직지도부부터 세대교체하여야 비로소 자기의 실권 기반이 구축될 수 있다. 지금처럼 할아버지뻘의 아버지 동지들에게 둘러싸여 그 앞에서 담배를 피운다고 자신의 모든 욕망까지 태울 수 있는 것은 아니다. 선전으로 과시되는 '최고존엄'의 수령은 그 이상도 만들어낼 수 있는 북한이다.

북한의 공개 매체가 보여주는 김정은의 현지시찰 사진들을 보면 정치·경제·군사·농업 등 어느 분야라 할 것 없이 그의 신령한 유일적 영도가 한껏 부풀려져 있다.

김정은의 거만한 손끝에 북한 간부들이 최대한 몸을 낮춘 그 사진대로라면 북한은 벌써 붕괴됐다. 만약 김정은이 지껄이는 대로 간

북한 노동신문이 소개한 김정은 현지시찰 사진들 중 일부

부들이 진짜로 맹신할 경우 지시만 있고 책임이 없는 그 상황에서 어떻게 정권이 하루라도 유지될 수 있겠는가. 김정은의 권력 경험이 부족할수록 오히려 김일성·김정일의 과거 지침들이 더 절대화되고, 시시각각 그것들을 정권 기준으로 내세우는 권력 조언자들의 역할과 책임이 더 강해진다고 봐야 한다.

당 조직지도부 반대편에 있던 유일한 인물인 장성택까지 제거되어 홀로 서 있는 수령인데도 그 '홀로'를 독불장군으로 보려고 하지 않는다. 지금 김정은은 부모 없는 고아이자 정치적 고아 신세다. 김정은에겐 불행하게도 현재의 당 조직지도부 이너서클(inner circle)에 도전할 동지도 전혀 없는 실정이다. 소꿉놀이 친구도, 같은 학교를 졸업한 학우도 전혀 없다. 친인척도 남아 있지 않다. 과거 당 조직지도부가 냉정하게 '곁가지'를 청산할 때에는 김일성이 생존하고 있는 조건에서 수령 유일지도체제 확립이란 명분으로 김정일의 후계 환경을 정화했다. 즉, 김정일 권한의 완충역할을 상징적인 수령인 김일성이 해주었다.

현재 김정은의 세습권력 보호막이란 이미 죽은 수령들인 김일성-김정일의 유훈뿐이다. 그런데 문제는 그 유훈이 권력 실체가 아닌 체제 질서와 구조에 강요되는 추상적 개념이라는 것이다. 이는 김정은보다 체제통제 독점 권한을 가진 당 조직지도부에 더 힘을 실어주는 꼴이 된다. 뿐만 아니라 지금의 당 조직지도부가 추구하는 수령 유일지도체제에는 생존하고 있는 '제2의 김정일'도 없다. 오직 한 사람 김정은뿐인데, 김정일처럼 배다른 김평일도 아닌 친형 김정철까지 아예 지워버렸다. 심지어 북한 내부에 세력도 없고, 홀로 해외에서 떠돌던 김정남도 암살했다. 그것도 과거 이한영이 피살당했을 때처럼 김정일 생일 전에 목숨을 잃었다. 이한영의 경우 김정일의 생일 선물로 당 작전부가 단행한 충성 공작이다. 김정일의 처조카 신분으로 월남했다는 것 자체가 수령신격화에 치명적 오점이 됐기 때문이다. 김정일이 지시하기 전에 당 조직지도부 스스로가 나서서 제거해야 할 '곁가지'였던 것이다.

나는 김정남도 마찬가지라고 본다. 당 조직지도부의 만능은 수령 친인척부터 다스리는 그 특권으로부터 출발한다. 그 권위로 김정은의 고모부 장성택도 단호히 처형했고, 그 여운으로 고위층 수십 명도 대폭 물갈이한 당 조직지도부이다. 김정일의 장남이 3대 세습을 직접 반대했고, 또 개연성도 충분히 남아 있는 해외 이탈의 존재를 당 조직지도부가 그냥 내버려 둘 리가 만무하다. 아무리 김정일의 장남이라도 국제사회의 시선이나 장소 따위는 상관없이 김정일 생일 전에 반드시 암살하는 것이 김정은 시대를 책임진 당 조직지도부의 최고 선택이 될 수밖에 없는 것이다. 김정남에게 평양으로 들어올 것을 계속해서 독촉하고, 또 김정남이 직접 동생에게 구애 편지도 쓴 것은 모든 결정을 지도자에게만 집중시키는 '최고존엄' 강요의 관례이자 절차라고 본다.

장성택과 김정남을 처형한 직후 북한 TV가 공개한 김정은의 표정을 보면 다소 의문스러운 점이 있다. 두 경우가 친인척들을 제거한 바로 직후의 표정이고, 또 북한 정권이 공개할 수밖에 없는 행사 상

황이다. 문제는 김정은의 얼굴에서 분노나 성취, 권력 자신감이 아니라 시종일관 눈의 초점을 잃은 불만 내지 자포자기한 흔적이 역력한 것이다.

현재 김정은에게 남아있는 권력 혈육은 오직 김여정뿐이다. 김정은의 여동생에게 당 선전선동부 부부장직을 준 것은 김정일 — 김경희 구도대로 김정은 — 김여정이라는 수령 존중 관행의 연장선일 뿐이다.

올해 9월 4일 북한이 공개한 사회주의 헌법 개정안에는 "조선민주주의인민공화국은 위대한 김일성 동지와 김정일 동지의 사상과 령도(영도)를 구현한 주체의 사회주의 조국"이라고 적혀 있다. 김정은의 이름은 명시되지 않았다. 다만 부분적인 제6장 국가기구 제2절 국무위원장 조항 등에서 "조선민주주의인민공화국 국무위원회 위원장은 조선민주주의인민공화국의 최고령도자"라면서 국무위원장의 지위와 역할 등에 대해서만 상세히 설명하는 것으로 그쳤다. 북한은 수령 유훈 통치 확립 차원에서 김정일의 핵+경제 병진 노선을 국책으로 아예 못 박아 놓기까지 했다. 김정은 정권에 들어와서 세대교체가 일어난 것이 아니라 과거로 더 회귀한 모습이다.

외부세계는 살아있는 수령보다 죽은 수령들의 영도가 더 절대적이라는 현 북한의 개정 헌법 문구에 유념할 필요가 있다. 오늘날 그 유훈통치의 대표적인 정권 행위가 바로 북핵이다. 김정일 사망 후에 장성택의 권력 질주에 쐐기를 박은 것도 결국은 당 조직지도부와 군부가 불쑥 들고 나온 김정일의 북핵 유훈이었다.

아무리 김정은-장성택 양대 안정체제라도 김정일의 유훈 앞에서는 맥없이 무너질 수밖에 없는 수령 절대이념 체제이고 그 무기가 바로 북핵이다. 2013년 3월 북한의 4차 핵실험에 유엔 안보리가 대북제재로 대응하자 기다렸다는 듯이 북한 군부는 준 전시태세를 선언했다. 그러자 내부 질서 권한의 인민보안성에만 의존했던 장성택의 권력 입지는 자연히 위축될 수밖에 없었다. 살벌한 준전시 상황에 밀려 있던 장성택은 그해 11월 가택연금을 당하고, 한 달 뒤에 즉결처형까지 당하게 되었다.

오늘날 북한의 수령주의는 원칙적으로 김정은의 독점 권한이 될 수가 없는 구조이다. 김일성, 김정일이 금수산기념궁전에 미라로 전시되는 것과 동시에 절대개념으로 굳어버린 수령 공동 이념 안에 김정은도 갇혀 버렸다고 봐야 한다. 북한 정권이 선전하는 김정은 개인 우상화란 "선대 수령님들"의 그 수령 공동 이념 위에 새롭게 추가한

덧칠에 불과하다.

김정은이 옷차림이나 헤어스타일, 손동작 하나에 이르기까지 할아버지 김일성을 흉내 내는 것은 단순한 이미지메이킹이 아니다. 또 다른 측면에서는 김정은의 외형마저 선대 수령들의 유훈통치 일부분으로 구속되는 과정이다. 외부에서는 북한이 수령주의를 강하게 주장할수록 김정은의 유일권력이 더 완성된다고 보는데 그렇지 않다. '선대 수령님들'의 위업과 유훈으로 압축되는 수령주의가 고조될수록 그것을 주도하는 권력 시스템의 강도는 더욱 강경해진다. 김정은 개인의 수령주의가 아니라 그 시스템을 장악 통제하고 있는 특권계층 공동의 권력 이익으로 발전했다고 볼 수 있는 것이다.

그래서 김정일은 당 총비서가 되고 나서도 사망하는 순간까지 당 조직비서라는 제2의 실권자 자리를 남에게 절대 양보하지 않았다. 그만큼 나중에는 김정일 스스로도 구속될 수밖에 없었던 것이 당 조직지도부의 시스템이다. 나는 개인적으로 김정일도 말년에 당 조직지도부의 권력 비만이 후계 정권의 질병으로 되지 않을까 하고 내심 고민이 많았으리라고 생각한다. 그렇지 않다면 장성택이 갖고 있던 사법 권한의 행정부를 굳이 당 조직지도부에서 떼어내어 전국 조직으로 만들어 주지는 않았을 것이다. 실제로 장성택은 그 행정부 권한으로 국가안전보위부 류경 부부장을 총살했고, 우동측 부장을 해임시켰다. 당 조직지도부의 맹견인 국가안전보위부를 흔드는 것으로부터 시작된 행정부의 권한은 내무군 창설과 김정일 사망으로 더욱 커지게 되었다.

아마 당 조직지도부 이너서클의 사람들은 장성택의 권력 질주에서 과거 '심화조사건'의 악몽을 다시 떠올렸을 것이다. 김정일 생존 때 자르고 또 잘랐던 '곁가지'가 김정은 정권에서 서슬 퍼런 창이 되어 일어서는데 어느 누가 발을 뻗고 편히 잠을 잘 수 있었겠는가. 장성택의 존재는 당 조직지도부의 이너서클을 결집시키는 계기가 되었고, 또 그 대립 과정이 김정일의 정권에서는 어림도 없던 다수 합의 기구인 정치국 확대회의 형태로 나타났다고 생각한다.

김정일이 말년에 당 조직지도부에 최룡해를 끌어들이려고 시도했다가 좌절된 사건도 있었다. 만약 최룡해가 장성택과의 친분관계가 아니었다면 가능했을 일이기도 하다.

1986년~1988년까지 당 조직지도부는 장성택에게 평양시 수도 건설, 1989년부터는 청년동맹조직을 담당하도록 하였다. 세계 13차 청년학생축전이 국가사업이기 때문에 장성택에게 그 중책을 맡긴다는 것이었는데, 사실은 행정부의 사법 권한에서 떼어내기 위한 조치였

장성택                  최룡해

다. 장성택의 능력과 수완은 최룡해의 청년동맹조직을 권력조직으로 변신시켰다.

장성택은 '사회주의노동청년동맹'을 1996년 1월 19일 '김일성사회주의청년동맹'으로 개명했다. 김일성이라는 절대 개념의 '존함'을 앞세운 청년조직은 조직 정비 명목으로 전국 당위원회 산하의 청년조직에 대한 독자적인 권한 영역을 넓혀갔다.

당시 최룡해의 위상은 대단했다. 김정일이 최룡해에게 "이제는 나이도 있으니 청년동맹을 졸업하고 당으로 들어와서 큰일을 해보라."고 말했을 정도였다.

당 조직지도부 안에 청년동맹 담당 부서가 신설되고 최룡해가 부부장으로 임명된다는 소문이 파다하던 1997년이었다. 당 조직지도부 검열과가 공식적으로 최룡해를 부화방탕 및 뇌물혐의로 문제 삼았다. 청년동맹 내의 외화벌이 회사인 은별무역관리국의 이병서 국장을 비롯하여 최룡해 이하 간부들이 도라지호텔(청년동맹 산하) 스위트룸에서 온갖 부화방탕을 일삼았다는 것이다.

전국의 청년동맹 조직들을 통하여 미모의 여성들을 차출하다 못해 청년동맹협주단 전자악단 소속의 6인조 미녀들에게는 최룡해의 변태적 취향을 만족시키기 위해 생이빨을 뽑고 틀니를 해주었다는 구체적 정황까지 나열되었다. 은별무역관리국 국장의 뇌물 중에는 남조선 안기부의 돈도 포함되었다고 해서 문제가 더 심각해졌다. 실제로 국가안전보위부가 최룡해의 집을 가택수색했더니 미화 100만 달러가 발견되었다. 생생한 증언과 물증으로 가득 채운 당 조직지도부의 검열 결과 보고서는 중앙당 간부들만이 아니라 일반 공개 차원에서 전국 청년동맹 조직에도 배포되었다. 사실상 정치적 생명의 종말이 선언된 최룡해는 1997년 자강도 농장원으로 추방되었다.

그러나 1년 뒤인 1998년에 김정일은 최룡해를 평양시 열난방기업소(평양시 아파트에 온수를 공급해주는 기업소) 초급당비서로 임명하여 조용히 평양에 불러온다. 그럴 수밖에 없었던 것은 그 당시 최룡해라면 북한의 아이들까지도 그의 방탕한 여성 행각을 구체적으로 열거할 만큼 아주 '인간 말종'으로 낙인찍혔기 때문이다. 김정일의 옛정이 아니었다면 최룡해는 2000년 황해북도 도당 책임비서를 거쳐 중앙당 근로단체 비서로까지 복귀되지 못했을 것이다.

한국에서는 북한 정치 정면에 자주 등장한다는 이유만으로 최룡해를 백두혈통의 상징, 북한 권력을 대표하는 핵심 인물이라고 보는데 순진한 오판이다.

최룡해는 북한체제의 뿌리인 항일혁명 가문의 마지막 후손으로서 김영남 최고상임위원회 위원장처럼 그냥 상징적 명예 권력자일 뿐이다. 더구나 한때 요란했던 전국 당 강연회 비판 대상이고, 그 과거에 묶여 있는 탓에 오히려 북한 권력층 내부에서는 언제든 제일 쉽게 처벌할 수 있는 대상이다. 최룡해 본인도 이 점을 늘 의식하고 있을 것이다. 그래서 자기를 총정치국장으로 만들어준 장성택을 배신하고 당 조직지도부 편에 섰던 것이다.


지금 김정은은 선대 수령들의 유훈 통치가 강요하는 북핵 실험 여파로 줄곧 대외 압박의 한 가운데 서 있다. 김정일이 세습할 때에는 분명히 내부를 향한 세습 혁명이 일어났다. 내각에서 당으로의 권력이동과 함께 그 여파가 사회 전반의 아래부터 위까지 모조리 바뀌는 일대 혁명이 일어났다. 그 변화에 적응하지 못하거나 반발했던 수많은 사람들이 정치범수용소로 끌려가야 했고, 그 혼란을 미화하기 위한 김정일의 문학적 요구들이 매일 당 선전선동부에 하달되었다.

그에 비하면 김정은은 유일권력 행위자로서의 그 설득 과정이 형편없이 미약하다. 처음부터 선전으로 부풀려진 절대 지도자이고, 불현듯 일어난 장성택 처형 사건도 그 권위의 일환으로 너무 조급하게 공개됐다. 설사 김정일이 물려준 권력집단이 완벽하다고 해도 순종을 다루는 방식까지 똑같을 수는 없는데 말이다. 최근 어느 외신이 김정은을 노련한 지도자라고 평가했는데 그만큼 북한 권력 시스템이 김정일 정권의 연착륙이라는 반증이다. 김정일의 생존 때에는 그가 있어서 당 조직지도부도 있었다. 그러나 지금은 정반대이다. 당 조직지도부의 경험이 김정은을 변함없는 수령으로 재현하고 있다. 그들은 김일성의 사망을 계기로 이미 수령 공백 상황에 대처하는 기술과 경험을 완벽하게 터득하였다. 또 김씨가 존재해야 자기들도 존재할 수 있는 체제 환경이므로 어떻게 더 화려하게 꾸며야 하는지도 너무나 잘 알고 있다.

물론 김정은 정권에서 탈출한 엘리트 출신 탈북민들 대부분도 김정은의 독단적 전횡이 김정일 독재를 초월한다고 혀를 찬다. 그럴 수밖에 없다. 그들도 지위 여하를 떠나 수령 세뇌의 당 조직생활 앞에서는 평당원이었고, 더구나 비밀스러운 그 주도 권한의 종심(從心)에 있지 않았기 때문이다. 그 비밀을 안다는 것 자체가 역적이고, 그러면 살아서 탈북할 수조차 없었을 것이다. 나 또한 『김조실록』 편찬이라는 특별한 경험이 없었다면 북한의 수령주의를 액면 그대로 받아들였을 것이고 29살에 왕좌에 오른 김정은을 타고난 독재자로 믿었을 것이다.

나는 수령 1인 독재를 대체하는 극소수의 그 권력집단을 비밀집단지도체제라고 부르고자 한다. 잔인한 방식의 공개처형이 북한의 최고위층에서 집중적으로 나타나는 것도 어쩌면 처형당하는 사람들이 비밀집단지도체제의 근거리에 있는 목격자들이기 때문일 수도 있다. 그 비밀집단체제가 존재하는 한 김정은이 사망하고 김여정이 새롭게 등극하더라도 북한의 위대한 수령주의는 계속 이어질 것이다.

나는 개인적으로 그 구성원으로서 김경옥, 조연준, 황병서, 오극렬을 꼽는다.

원래는 김원홍도 그 당당한 일원이 될 수 있는 조건과 자격, 지위가 충분한 인물이다. 그런데도 최근 김원홍이 해임된 것은 비밀집단지도체제의 내부 정화작업이라고 본다. 구성원 중 1인이라도 권력장수로 인한 오만과 자만심에 빠질 경우 비밀집단지도체제에 작은

오극렬          김경옥          조연준          황병서

균열을 가져올 수 있다는 자체 경고와 반성의 조치가 아닐까 조심히 점쳐 본다.

비밀집단지도체제 구성원 중 오극렬은 북한 권력의 좌상이자 정신적 지주이다. 장성택처럼 권력을 탐하지 않고 오로지 당 작전부 부장직을 고수하면서 김정일의 평생 조언자로만 만족해왔던 그였다. 오극렬이 김정은 세습 초기 가족과 함께 충성의 노래를 부른 것은 혁명의 선배로서 북한 전체 간부들에게 보내는 메시지였다고 본다. 최룡해가 장성택의 인맥으로 총정치국장으로 출세했었지만 지금까지 생존할 수 있는 것도 오극렬의 후원이 있어 가능한 일이다. 외부 세계는 당 조직지도부와 그 안에서도 또 좁혀지는 비밀집단지도체제 구성원들의 동향이나 지위 변화에 더 주목할 필요가 있다.

김정은은 젊지만 그 비밀집단지도체제는 너무나 고령화되었다. 나는 혹시 당장에 일어날지도 모르는 비밀집단지도체제 구성원들의 세대교체 시점이 북한 정권이 흔들리는 중대한 계기가 될 것으로 믿는다. 왜냐하면 현재의 특권층에겐 순조로운 수령주의 특권 세습이 어렵다. 김원홍의 아들 김철처럼 많은 특권층 자녀들이 수령보다는 외화에 대한 충성을 선택하기 때문이다. 자녀들의 미래까지 남에게 맡겨야만 하는 권력 이양이 어디 수월한 일인가. 수령의 고모부까지 처형시킨 장본인들이어서 지금 가진 권력만큼이나 불안 심리의 무게도 클 것이다. 스스로를 숨기고 있는 비밀집단지도체제인데, 문제는 그 안에는 탈출구도 없는 셈이다. 그 세력을 압박하는 가장 좋은 수단은 그들의 정체와 당 조직지도부의 실체를 북한 주민들이 알도록 하는 것이다. 김정은과 주민을 분리시키는 것도 중요하지만, 김정은과 실권 조직을 분리시키는 것이 더 시급하다고 생각한다.

그런 의미에서 나는 북한의 3대 세습을 이렇게 정의하고자 한다. 김일성·김정일 정권은 수령의 시스템이었다면, 김정은 정권은 시스템의 수령이라고.

# 제2부
# 당 조직생활

〖 1 〗
## '물리적 독재'보다
## 더 잔인한 '감성 독재'

　외부 세계는 북한을 이해하는 단서를 겉으로 드러나는 수령, 기관, 부서, 직능, 지위의 역할과 변동에서 찾으려고 애써 왔다. 아무리 권력기관이고 또 최고위급 간부들이라고 해도 그 모든 것들이 평등하면서도 예외 없이 구속되는 체제의 블랙홀이 있다. 그것은 바로 당 세포조직이다.

　북한은 그 당 세포조직으로부터 주민통제가 시작되고 발전하는 시스템이다. 통제의 기초가 당 세포조직이고, 그 뿌리로부터 뻗어 올라 최 정점에 도달하는 실체가 당 조직지도부이다. 그 당 조직지도부를 막연하게 북한의 최고 권력부서로만 알면 그 자체가 무지한 것이다. 당 조직지도부는 지방 말단까지 빠짐없이 들여다보고 개입할 수 있는 전국 조직을 거느린 실제적 권한 행위의 부서이다. '수령주의' 앞부분에서는 3대 세습이 어떻게 이어지고 만들어지는가에 대한 부분적 설명이었다면 '당 조직생활' 부분에서는 주민통제 기반과 방법의 분석이다. 어쩌면 나 개인의 삶 이야기가 그 해명일 수도 있다.

나 자신의 경우에는 탁아소 때부터 북한의 주민통제 시스템인 조직생활 안에서 성장해 왔다. 1980년(오전 7시 출근, 오후 7시 퇴근으로 바뀜) 이전까지는 북한의 모든 직장들이 오전 7시에 업무를 시작하여 밤 10시에 끝났다. 유아 양육 시간이 제한되어 있으므로, 북한의 부모들은 월요일에 아이들을 맡겼다가 일요일에 찾아가는 탁아소에 아이들의 양육을 의존했다. 그래서 나는 집보다 탁아소에 대한 기억이 더 또렷하다. 매일 매 끼니 때마다 식사를 하기 전에 밥과 간식을 주는 '김일성 아버지 원수님' 초상화 앞에서 인사를 해야 했고, 김일성의 어린 시절 이야기들을 동화처럼 들어야 했다.

북한에서의 삶은 개인의 성장이 아니라 세뇌의 성장이다. 김일성-김정일의 혁명 나이와 함께 성장하면서 세뇌되도록 한 것이 바로 북한의 13년제 무료교육 시스템이다.

그 세뇌의 졸업장을 쥐게 되면 역시 수령은 타고난 신이시고, 개인은 초라할 수밖에 없다는 차별의식이 뇌리에 못처럼 박힌다. 직장에 배치되면 그때부터는 더 이상 학생이 아니다. 성인답게 당과 수령에게 충성을 해야 하는, 실천하는 개인이 되어야 한다. 그러한 세뇌교육을 시종일관 관리하는 곳이 당위원회이고, 당위원회가 요구하는 것이 당 조직생활이다.

외부에서는 북한의 당 조직생활을 다분히 권력 개념이 아니라 사회 개념처럼 생각하는 경향이 강하다. 그리하여 주민 공간의 일상이나 그 집단의 문화처럼 등한시하고 연구 초점을 권력구조의 변화라든가 정책적 선언들, 간부 서열에 치중하는 잘못을 범하고 있다. 그렇게 되면 북한 정권의 역사나 시간들, 지역, 체제 용어 따위 등을 줄줄 외우는 기억력 좋은 북한 전문가밖에 되지 못한다. 어차피 북한정권의 이념이나 수령은 한 줄기로 정해져 있는 고정된 개념이다. 체제이념의 변화가 없는 한 아무리 권력기관의 이름을 바꾸고 간부 교체, 그리고 유동적인 정책 따위들을 추적해 봤자 궁극적으로는 세습정치의 원점으로 돌아올 수밖에 없다.

북한의 폐쇄정책은 내부를 위한 것이다. 세계 최빈국의 처지에서 외부를 향하여 감출 신비주의가 도대체 뭐가 있겠는가. 체제의 작동 원리인 당 조직생활에 대한 이해가 부족하면 순전히 개인의 가설과 상상에만 의존하는 점쟁이 학자가 될 수밖에 없다.

북한연구가 당 조직생활에 초점을 두어야 하는 이유는, 당 조직은 북한 정권의 물리적 지배, 당 생활은 정신적 지배의 시스템이기 때문이다. 물리적 지배 시스템의 최하위 말단 조직은 세포 당위원회이다. 세포 당위원회는 당원이 3명 이상이면 자동적으로 구성된다. 부문 당위원회는 3개 이상의 세포, 초급 당위원회는 3개 이상의 부문당, 기관 당위원회는 3개 이상의 초급당, 중앙당은 북한의 모든 기관 당위원회를 총괄한다.

북한군의 인민군 당위원회 체계도 똑같은 구성이다. 일부 북한학자들이 당과 군을 별개의 권력기관으로 갈라서 보는 경향은 유일적 지배의 당 조직생활 시스템에 대한 이해가 부족하기 때문이다. 북한의 조직 시스템은 비단 조선노동당원들만의 조직으로 끝나는 것이 아니다. 비당원들과 퇴직 후 집에서 쉬는 노인들까지 관리하는 〈근로단체위원회〉, 소년단 유아조직과 청년조직들을 망라시킨 〈김일성-김정일주의 청년동맹〉(2016년 8월 28일 개칭), 그 외에도 직업 및 직능 조직의 〈조선직업총동맹〉, 직장에 소속되어 있지 않은 여성들을 관리하는 〈조선여성동맹〉이 있다.

나는 평양음악무용대학 재학 시 1년 동안 민족기악 학부 사로청위원장직을 맡았었다. 학부는 전문부 3년(15~18세), 학부 4년(18~22세)으로 구성되는데, 한 학급당 15~18명 정도로 총 120여 명 정도였다. 학부위원장은 대학 사로청위원회에서 임명한다.

1992년에 김정일로부터 시집 평가를 받은 것이 나의 주요 경력으로 인정되어 학부 사로청위원장으로 임명될 수 있었다. 그때 나에게 부여되었던 주요 임무는 학생들의 청년동맹 조직생활을 감시 관리하는 것이고, 대학 사로청위원회의 안건을 가결할 때에 거수하는 일원이 되는 것이었다.

그때 내가 제일 난감해 했던 일은 매월 대학 전체 학생총회 비판 대상자로 학부 내에서 무조건 한두 명씩 선발해서 보고하는 것이었다. 말썽꾸러기 남학생들의 경우에는 맷집이라도 좋지만, 어떤 여학생은 대학 전체 학생들 앞에서 당한 수치감에 입원 치료까지 받는 경우도 있었다. 대학 전체 학생총회의 비판 무대를 피하기 위해 일부러 감기에 걸리겠다고 전날 승리역 근처 분수대에서 밤새껏 몸을 적신 학생도 있었다.

대학에도 혁명화 처벌 제도가 있다. 주로 분기총회나 년총회 비판 대상자들이다. 결함의 경중에 따라 보름, 혹은 한 달 동안 수업을 전폐하고 교내 건설 현장이나 대청소와 같은 육체노동을 시킨다. 혁명화가 반복되거나 결함이 아주 엄중할 경우에는 퇴학은 물론 법적 처벌도 뒤따른다. 그나마 대학까지는 교육과정이란 이유로 용서와 아량이 많은 곳이다. 대학 졸업 후 직장인이 된 순간부터는 직장 당위원회 안에서 비당원, 당원으로 갈라져 조직의 엄격한 통제를 받게 된다.

북한의 표준 당위원회는 당 조직지도부의 직접적 개입이 시작되는 초급 당위원회이다. 초급 당위원회는 북한 내 말단 단위 당 조직으로서 조직부·선전부·간부부·근로단체부·총무부로 구성되어 있다. 다시 말해 노동당의 통제 기능적 요소들이 정식 기구와 인력 배치로 정규화된 말단 당 조직인 것이다. 조직부는 간부들을 포함하여 조직 내부 동향 요해(파악)와 관리, 선전부는 당 정책 및 문화 선전 기능, 근로단체부는 비당원과 청년조직 담당, 총무부는 초급당위원회 활동과 관련한 모든 서류 업무를 전담한다.

당 조직의 위세는 단순히 위에서 언급한 상식의 나열에 있는 것은 아니다. 북한 주민들은 직장 배치, 퇴직, 입당, 승진, 해임, 심지어 사적으로 거주 이동이나 여행 증명서를 받으려고 해도 해당 당위원회 문턱을 넘어야 한다. 당위원회 허락과 동의가 없으면 사실상 개인 일상도 정지되고 만다. 주민들의 삶이 당 조직에 직접적으로 얽매이도록 제도화 한 것이 바로 북한 노동당의 물리적 지배력이다. 거미줄처럼 사회 구석구석 뻗치고 있는 그 하나하나의 연결고리들은 최종적으로 정점인 당 조직지도부로 수렴된다. 그 조직 안에서 이루어지는 다양한 정치 강요가 바로 당 조직생활이다.

북한에는 당 조직생활의 몰입도가 가장 선명하게 드러나는 특별한 날이 있다. 매주 1회 '정치날'로 지정된 토요일이다. 주민의 주말이 아닌 권력의 주말인 것이다. 그날은 북한 전역의 말단부터 중앙까지 모든 업무가 중단된다. 그 하루만큼은 북한 전체 주민들의 몸과 머리는 하나가 된다. 몸은 당 조직에, 머리는 당 생활에 구속된다. 당 생활 중에서 가장 대표적인 것은 선서, 생활총화, 강연회, 김일성, 김정일 교시 말씀 학습, 충성의 노래모임, 문헌 영화 학습, 문답식 경연이다.

다른 당 조직들과 달리 중앙당과 당 선전선동부 산하의 당 조직들만은 이틀에 한 번씩 '정치날'이 반복된다. 즉 일반 당 조직들은 주 1회 토요일, 중앙당과 선전선동부 당 조직들은 주 3회 화·목·토요일이 '정치날'로 된다. 중앙당과 선전선동부 당원들이 그 어느 당원보다 당성이 더 투철해야 한다는 김정일의 지시로 1990년대부터 정례화됐다. 그만큼 김정일은 물리적 독재와 감성 독재의 지도기능을 매우 중시했다. 당 조직생활 중 북한 주민들이 가장 싫어하는 것은 당 생활총화이다.

자신의 결함을 드러내고 남의 결함까지 꼬집어야 하는 그 심기 불편한 시간은 세포당위원회 안에서는 그나마 덜 모욕적이다. 비판 사안이 초급 당위원회, 기관 당위원회, 중앙 당위원회로 거슬러 올라갈수록 처벌 수위도 강해져서 숙청이나 해임, 심지어 법적 처벌로도 이어질 수 있다.

월 총회부터는 해당 당조직 내의 전체 종업원들이 참석하는 사상투쟁 분위기로 변한다. 그 총회가 분기 총회, 년 총회의 다단계 방식으로 커지며 소속 당원들에 대한 당위원회의 경고의 규모나 강도도 커지게 되는 것이다.

내가 근무했던 조선중앙방송위원회 전체 종업원 사상투쟁회의에서도 많은 해임, 처벌 사례들이 있었다. 1995년의 일이다. 북한 주민들이 굶어죽는 판국에 김정일은 방송 현대화를 하라며 조선중앙방송위원회에 2천만 불을 주었다. 그때까지 조선중앙방송위원회는 일본 소니 베타캄 테이프를 사용하고 있었다.

조선중앙방송위원회 산하 용남무역회사 사장은 재일교포 출신이었다. 그는 일본과 계약하여 CD 카메라 장비와 생방송 차량 등 필요한 기자재의 거의 2배에 가까운 물량을 확보했다. 그런데 그가 귀국하기 전에 당 선전선동부와 산하 물산진흥회사 사장, 방송위원회 부위원장이 독일 회사와 먼저 계약을 해버리고 말았다. 그것도 중고 장비가 대부분인데다 수량이 일본 계약에 비해 형편없이 적었다.

용남무역회사 사장은 계약 해지로 인한 손해 배상액을 고스란히 떠안게 되자 당 조직지도부에 신소했다. 당 조직지도부 검열 3개월 만에 부위원장이 방송위원회 전체 종업원 사상투쟁 무대에 오르게 되었다. 나는 그때 대학 졸업 후 처음으로 살벌한 사회 분위기를 느꼈다. 부위원장 덕에 출세하며 가까이 지냈던 사람들이 먼저 비판의 총대를 들었다. 사적으로 주고받은 발언 내용이며 여성 아나운서와의 은밀한 관계까지 비판하는 것마다 모두 충격적이었다. 직원들로부터 항상 먼저 인사를 받던 고위 간부가 졸지에 폐인이 되는 순간이었다.

울고 있는 부위원장을 향해 직원들로부터 시작하여 조선중앙방송위원회 위원장, 책임비서까지 강한 비판들을 쏟아낸 뒤였다. 마침내 당 조직지도부의 검열과 부과장이 당 조직지도부의 3개월 검열 결과를 발표하는 순서가 되었다. 내 옆에 앉아서 천식 때문에 자꾸 헛기침을 하던 직속 부장도 그 순간만큼은 잠잠했다. 부과장은 연단으로 나와서 서류를 뒤적이며 한 마디 던졌다. "어이 부위원장 동무, 지금까지 그렇게 당원들과 자기 처까지 속이고 말이야, 앞으로 자식 보며 살 수나 있겠어?"

다른 사람도 아닌 당 조직지도부 부과장의 입에서 나오는 "살 수 있겠어?"하는 말이어서 마이크의 울림이 더 섬뜩했다.

그 순간 갑자기 쿵! 하는 육중한 소리가 울렸다. 총회 내내 고개를 푹 숙이고 서 있던 부위원장이 졸도해버린 것이다. 당 조직지도부의 검열 결과 발표 직전인지라 모두들 부위원장이 깨어날 때까지 기다렸다. 방송위원회 진료과 의사들이 무대로 올라가고 병원 구급차가 도착해서 담가에 실려 나갈 때까지 객석에선 아무도 말을 하지 못했다. 할 수 없이 비판 상대가 없는 상태에서 당 조직지도부의 검열 결과가 발표되었다.

그런데 그 내용이 아주 가관이었다. 사람까지 졸도시켜 놓은 첫 발언 치고는 결과가 의외로 공허하기 짝이 없었다. 6개월간 당학교 재교육이었다. 재교육 과정을 검토한 뒤 복귀나 기타 간부사업을 결정한다는 것이었다. 거의 용서나 다름없는 반전이었고 거꾸로 강경 비판의 앞장에 섰던 사람들의 한숨이 더 깊어졌다.

훗날 들은 소문에 의하면, 두 계약 건에 김정일이 동일하게 동의했기 때문이라는 것이다. 일본과의 계약건은 정하철 위원장이 김정일과의 접견 자리에서 개인적으로 허락을 받았고, 독일과의 계약건은 서류상의 제안서로 당 선전선동부가 주도한 것이었다.

당 조직지도부는 간부들이 국제법적인 계약 절차를 잘 몰랐던 관계로 발생한 혼선이라고 결론지었다. 다만 부위원장이 문제가 된 것은 독일과 일본과의 계약 중간에서 어느 한 쪽의 손해가 없도록 잘 조치했어야 하는데 직무 유기로 당 자금을 낭비하도록 만들었다는 것이었다. 나중에 용남무역회사 사장은 빈털터리가 되어 스스로 사임했고, 부위원장 비판에 앞장섰던 사람들은 대중의 손가락질을 받았다.

장성택의 해임을 결정하고 국가안전보위부의 특별군사재판으로 넘긴 정치국 확대회의도 당 조직생활의 최고 형태라고 볼 수 있다. 아마 장성택이 건성건성 박수를 쳤다는 죄목도 당 조직생활 세포 말단에서부터 꾸준히 감시되고 반영된 결과일 것이다.


북한 전체 주민들을 집합시키는 북한의 토요일에는 생활총화와 함께 강연회, 김일성·김정일 교시밀씀 학습이 고정적으로 진행된다. 강연회는 '정세 강연', '간부 강연', '당 강연'으로 나눠진다. '정세 강연'은 국내외 정세에 대비하는 당 정책들을 설명하는데, 당위원회 대표자 외에도 전문 강사들이 동원되기도 한다. 주로 일반 주민들을 대상으로 하는 강연이다. '정세 강연'과 달리 간부 강연회는 비서국 대상 간부 강연회와 그냥 간부 강연회로 구분된다. 간부 강연회에는 기관 당위원회 이상 당원들, 비서국 대상 간부 강연회에는 중앙기관 국장급 이상 간부들이 참석한다. 비서국 대상 간부 강연회의 경우 상급 당위원회 조직부 당 간부가 회의를 주관한다. 이는 비서국 대상 간부들부터 별도로 인사하고 관리하는 당 조직지도부의 간부 집중관리 제도의 과시이기도 하다.

김일성·김정일 교시말씀 학습 또한 강연회처럼 일반 주민과 간부 계층별로 정해져 있다. 김정일 사망 후 김일성·김정일 교시말씀 외에 김정은 지시 학습까지 더 추가되었다.

영화 문헌 학습은 매월 1회 진행된다. 김 씨 가문의 신격화 차원에서 매월 수령 현지시찰 노고와 영도가 부각된 이른바 '1호 영상물'을 관람하는 것이다. 충성의 노래모임은 부서별, 직장별, 기관별, 김 씨 가문 찬가 열창 경연인데 김일성과 김정일의 생일 기념을 계기로 진행된다. 이와 비슷한 경쟁 방식의 문답식 경연은 당원들의 당 정책 통달 수준을 검증 평가한다.

이 외에도 감사문 전달(수령으로부터 업무평가를 받았을 경우), 비상대책회의(당 지시와 관련한 토론회의), 궐기모임(당 정책 옹호 모임), 계급교양회의(반미, 반한 각성 모임), 규탄대회(반미, 반한 성토 모임) 등 위의 정황에 따라 토요일과 상관없이 시시각각 모이고 헤쳐지는 경우도 허다하다. 당 조직생활은 주체사상이 언급한 대로 개인의 정체성이 사회와의 관계, 즉 당 조직과의 관계에서만 부활하도록 전체주의 세뇌와 훈련을 끝없이 반복시킨다. 다람쥐 쳇바퀴 돌리듯이 매주 반복하는 북한의 당 조직생활에 몇 개월만 구속되면 장담하건대 자유세계에서 태어나 자유가 체질화되었던 사람도 끝내는 개인의 정체성을 상실하게 될 것이다. 그래서 나는 당생활 강요를 정신적 지배보다 더 극악한 '감성 독재'라 부르고자 한다. '감성 독재'의 주목적은 수령 신격화라는 절대적 우상화이다. 그 허상의 초점으로 주민들의 존경심을 몰아가자면 이성의 세뇌만으로는 부족하다. 개인의 사고를 철저히 지우기 위해서라도 논리는 물론 감성까지 수령주의로 철저히 마비시켜야 한다. 개인의 웃음과 눈물까지도 수령 한 사람 앞에서는 전체주의 모양으로 똑같이 표현되도록 광신적인 전체주의를 강요하는 것이 바로 감성 독재이다. 내가 해외 활동 중에 외국인들로부터 제일 많이 받았던 질문이 있다. 수령을 향해 마구 울부짖는 주민들의 격한 반응이 과연 진심이냐는 것이다.

나는 그때마다 이렇게 말한다. "북한의 공개 매체들에서 보여주

김정일 장례행사에서 울부짖는 평양 군중

는 북한 주민들의 충성 눈물은 개인적인 것이 아니다. 전체주의 감성의 훈련이자 그 결과이다. 이를테면 전체주의 감성의 행동이다."

그 전체주의적 감성의 언행일치를 나 개인의 경험으로 설명해준 적도 있다. 그때가 1995년 1월 경이다. 생활총화로부터 시작되는 다른 토요일과 달리 그날은 간부들부터가 한껏 들떠 있었다. 김정일이 조선중앙방송위원회 기자들을 격려한다며 숭어 2천 마리를 보내주어 선물 전달식 행사가 진행된다는 것이다. 조선중앙방송위원회 내의 라디오총국, 문예총국, 텔레비죤총국의 직원들을 모두 합치면 2천 명이나 된다.

책임비서의 호명대로 3명씩 주석단으로 올라갔다. 긴 시간 끝에 내 이름도 호명되었다. 우리는 지도자가 하사한 숭어 한 마리씩 머리 위로 높이 쳐들고 모두들 감사의 격정을 과시해야만 했다. 그런데 옆에 섰던 동료가 숭어를 너무 격하게 흔드는 바람에 비린내가 내 얼굴과 옷으로 튕겼다. 남들처럼 눈물을 흘리는 척이라도 해야 하는 찰나에 나는 그만 얼굴을 찡그리고 말았다. 객석으로 돌아오니 주변의 집단 광기에 자꾸 웃음이 솟구쳐 그걸 참는 내 얼굴이 빨개졌다. 그러나 그날 나의 진짜 경솔함은 숭어를 깜빡 잊고 퇴근한 것이었다. 다음날 휴일을 넘기고 월요일 출근하니 사무실에 썩은 냄새가 진동했다. 그 물증이 전체 종업원 총회의 분노를 더 가중시켜서 나는 숭어 한 마리에 울지 못했던 눈물을 자아비판으로 다 쏟아야만 했다. 나는 해외 인터뷰나 강연 때마다 항상 북한의 감성 독재를 제일 먼저 강조한다. 공포정치의 외발로 힘겹게 서 있는 북한이라면 3대 세습까지 버티지 못한다. 김정일의 선전 지도 경험과 당 조직지도부의 지도가 북한을 물리적 독재와 감성 독재의 양대 구조로 통치하고 있다. 이 두 가지 통치 개념의 합성어가 바로 당 조직생활인 것이다.

# 〔 2 〕
# 북한 간부들의 공포는
# 당(黨)-당(黨) 시스템

북한의 내부 통제 시스템은 크게 3가지로 나뉜다. 최하위의 북한 사회 및 주민 장악 시스템으로는 앞에서 설명했듯이 당 조직생활을 통한 물리적 독재와 감성 독재이다. 중간급인 북한 간부 장악 시스템 으로는 당(黨)-당(黨) 시스템, 최상위 특권 통제 시스템으로는 공직, 실무직의 분권 시스템이다.

먼저 북한의 통치 시스템 중에서 가장 최상위권에 해당되는 분권 시스템을 설명하고자 한다. 공직, 실무직의 분권 시스템은 북한에만 있는 독특한 유일 통치 방식이라고 볼 수 있다. 상징권력의 김일성과 실권 독점의 김정일이 한 정권 안에서, 그것도 신격화 경지의 최고 정점에서 둘이 함께 공존한 탓이다. 수령과 후계자의 권한 차등이 아래의 권력질서에도 그대로 반영된 탓에 특권 그룹을 장악 통제하는 분권 시스템은 더욱 엄격했다.

그 분권통치를 위해 김정일은 십자형 측근정치를 하였다. 고령의 인물들에게는 명예직에 해당되는 공개적인 수장(首長)의 직함을 주어 그들을 통한 형식적 국가관리의 종적 체계를 구축했다. 그런 명예직들에 앉아있는 인물들이 바로 현재 아무 실권도 없는 김영남 최고상임위원장과 같은 인물들이다. 반면에 김정일은 자기의 1인 지배 시스템이나 정책 결심에 직접적으로 연관이 있는 실제의 권한은 제2인자에게 몰아주는 식으로 아래 단계에서의 횡적 체계를 유지하였다.

김정일 생존 시에 강석주는 제1부상이었는데도 직속상관인 외무상보다 파워가 더 강했던 것만 보아도 알 수가 있다. 공개적인 직위는 주되 실권은 주지 않고, 실권은 주되 공개적인 직함을 주지 않았던 십자형 통치 기술이 바로 김정일의 완벽한 1인독재를 가능하게 하였다.

지금도 일부 북한학자들과 언론들은 공개행사나 현지시찰 때마다 김정은의 옆에 누가 섰는지부터 확인한다. 그 순서대로 권력서열이 정해진다면 북한은 권력체계가 아주 투명한 정상국가이다. 따라서 수령이 건재한 이상 권력 2인자, 3인자도 당당해야 하고, 또 그 서열대로라면 벌써 여러 세력이 대립할 정도의 분파 현상도 일어났어야 한다. 북한의 공개된 권력서열을 세어보겠다는 것은 고령화된 북한 간부들의 나이를 세어보겠다는 것처럼 무의미하다. 김정일이 만든 분권 시스템에는 권력서열이 아니라 지도자 개인의 신임서열만 인정되도록 간부 권력을 철저히 분산 고립시켰다.

공개직의 간부들을 임명하는 것도, 해임이나 처형을 결정하는 것도 그 이면의 실권 조직인 당 조직지도부였는데도 외부 세계는 그 내막에 둔감했다. 당 조직지도부가 조용한 권력으로 북한 사회의 말단까지 깊이 뿌리박을 수 있었던 것도 그들이 실권을 갖고 있다는 자부심의 결집체여서 가능하였다.

그래서 김정일은 당 조직지도부 산하의 간부들에게 겸손을 최고의 품격으로 강조했다. 조직비서가 될 수 있는 인사 기준의 최우선 항목도 과묵과 겸손이었다. 만약 조직비서가 당원들 앞에서 당 비서보다 자기 권한을 더 인위적으로 부각시키는 언행을 반복하면 그 결함만으로도 바로 해임이 가능하도록 하였다.

북한 간부들을 장악 통제하는 당(黨)-당(黨) 시스템은 사실상 북한 통치의 중추 역할을 한다. 북한은 당과 행정으로 이루어진 이중 시스템의 정권이 아니다. 민간에서는 내각-당, 군에서는 부대장-정치위원이라는 형식적인 수평관계로 형성되는 사회주의 일반 국가들과는 근본적으로 다르다.

현재 한국 정부가 공개한 통일부 자료에서까지 당-행정 이중 시스템으로 내각 권한이 심히 부풀려져 있다. 북한이 예전 사회주의 나라들과의 유사점이 부분적으로라도 남아 있는 체제라면 그 그림이 정상이다. 그러나 수령 신격화 체제이므로 당-행정 시스템을 초월하여 그 위에 당(黨)-당(黨) 시스템이 얹혀 있다. 즉, 당의 일방적 권위를 전제로 당위원회 안에 또 다른 당 권력인 조직부 수직체계가 작동한다. 직장 당위원회는 외부 당위원회, 조직부는 간부들만의 내부 당위원회라고 볼 수 있다.

당 조직지도부에 대한 연구가 전무한 상태인지라 한국의 북한학계에서는 아직까지도 당위원회의 이러한 이중구조를 잘 모르고 있다. 김정일의 당 조직지도부는 공중에 떠 있는 사상누각이 아니다.

아래 조직부의 권한이 일일이 수렴되는 중앙권력이다.

앞의 그림에서 보다시피, 조직부는 해당 당위원회에 소속되어 있을 뿐, 모든 보고나 지시는 당 비서를 거치지 않는다. 초급당위원회 조직부→기관당위원회 조직부→중앙당 조직지도부, 이렇게 오직 상급 당 조직부로만 통하게 되어 있다.

김일성 당 총비서의 조선노동당중앙위원회 시스템 안에 김정일의 조직지도부가 당과 별도로 존재하는 셈이다. 아래 당위원회의 모든 조직부들을 총괄 지도한다는 의미에서 중앙당 부서의 명칭을 당 조직지도부라고 한다. 김정일이 조직비서들의 보고라인을 오직 상급

당 조직부로만 한정시킨 것은 그들의 주 업무가 내부 당 사업이라는 이유에서였다.

그 내부 업무 중에서 가장 큰 권한은 당원의 동향 감시와 인사권 이다. 아무리 당 비서가 어떤 인물의 입당, 혹은 승진을 추천하더라 도 그 인사에 대한 최종 승인권은 조직비서에게 있다. 조직부는 내부 동향보고 권한을 갖고 평소 축적해온 자료와 평가 기준을 토대로 자 격 여건을 최종 결심한다.

당 비서도 예외가 아니다. 조직비서는 당위원회 제2대리인으로서 만약 反당 反혁명적 증거가 명백할 경우에는 즉석에서 당 비서를 해 임 조치할 수도 있다. 상급당 조직부에 주 1회씩 보고하도록 되어 있 는 조직비서의 내부동향 보고서 내용들은 거의 감찰보고서 수준이 다. 그 주목 대상에는 말단 직원부터 당 비서에 이르기까지 전부가 포함된다. 월권, 비리, 품행, 여론까지도 모두 수렴한다. 아래 당위원 회 조직부들에서 올라오는 그 수많은 보고서들을 통해 중앙당 조직 지도부는 전국을 보고 듣는 눈과 귀를 가지게 된다.

일반 탈북민들은 이러한 당위원회의 조직부 권한을 알 수가 없다. 그들의 눈에 보이는 것은 오로지 김일성 당 총비서의 유일적 지도 아 래 있는 수직 구조의 당위원회 뿐이다. 당 내부에서 김정일의 조직부 권한이 실은 더 막강한 권한을 행사한다는 사실을 전혀 모른다. 지금 까지 북한학계가 당 조직지도부에 등한시했던 이유는 이렇듯 아래 단위에서부터 뻗어 오르는 내부 권한 줄거리에 대한 이해가 절대적 으로 부족했던 탓이다.

조직비서들은 내부 권한의 합법적 지위로 당위원회의 실제적 내

부 당 대표자 지위를 갖는다. 내부 당위원회는 해당 당위원회 간부들
만 따로 모여 비공개로 진행하는 비공개 '간부세포 당위원회'이다.
기관 당위원회에 해당되는 연합기업소의 경우, 간부세포 당위원회
참석자들은 당 책임비서, 조직비서, 선전비서, 간부부장, 총무부장,
근로단체비서, 지배인, 보위부장, 보안부장, 민방위부장으로 한정되
어 있다.

　회의 안건에 따라 '간부집행위원회'의 형식을 갖출 수도 있다. 간
부세포 당위원회에서는 주로 업무 보안상 일반 당원들이 알아서는
안 될 간부들만의 안건과 당 조직생활 평가들이 다루어진다. 업무 평
가와 계획, 인사, 비판도 이루어진다. 그 회의들에서는 조직비서가 반
드시 회의 집행자로 주석단에 올라가고 당 비서는 평당원으로 밑에
내려온다. 조직비서의 추궁에 당 책임비서가 반성을 해야 한다. 아무
리 특권층이라도 당 조직생활 앞에서는 누구든 평당원이 되도록 내
부적인 분권 시스템을 합법화해 놓은 것이다. 이는 수령 외의 그 어떤
간부도 자기 고유의 권한을 가질 수 없도록 제도화하려는 것이다.

　당-당 시스템에 대한 연구는 당 조직지도부 연구의 뿌리이자 이
해의 총체라고도 말할 수 있다. 당-당 시스템을 알지 못하면 그 위에
있는 당 조직지도부를 이야기할 수 없는 것은 물론, 북한의 통치 형
태를 당-행정 이중 시스템으로 단순화시킨다. 그렇게 되면 수령주의
이념이 어떻게 북한 사회를 관통시키는가에 대한 북한체제만의 힘의
논리도 절대 이해불가이다.

　북한 정권이 김일성에 대한 김정일의 충성 덕목을 겸손으로 자꾸
부각시킨 것도 당(黨)-당(黨) 시스템의 충돌과 대립을 최소화하기 위

한 김정일의 선행적 요구였다. 김정일의 이신작칙(以身作則)을 수령 유일지도체제를 위한 조직부의 윤리로 못 박고, 당 조직지도부는 당 간부들이 조금만 경솔하고 거만한 행동을 해도 수령주의 법치를 적 용하여 단호히 처벌했다.

내가 당(黨)-당(黨) 시스템을 조금이라도 엿볼 수 있었던 것은 당 간부로 근무하는 가까운 친척들이 있었기 때문이다. 설날이나 집안 에 큰일이 있어 밤새 술잔을 주고받는 자리가 있을 때에는 그들은 서 로의 책임비서나 조직비서를 골탕 먹일 방법과 경험을 나누곤 했다. 그럴 때마다 조직비서의 직함을 가진 친척의 얼굴이 더 여유가 있었 다. 자기 경험을 알려주며 너의 조직비서에게도 실험해 보라는 조언 자 입장이었다. 그들의 말대로라면, 북한에 평온한 당위원회란 없다. 당-행정 이중시스템 안에서는 오히려 간부 간의 협력이 비교적 잘 되는 편이다. 당 간부의 지위가 행정 간부를 훨씬 능가하는데다 업무 내용도 정치, 행정으로 갈라져 있어서 서로 충돌할 여지가 적다.

그러나 당(黨)-당(黨) 시스템 안에서는 구조적으로 갈등이 불가피 하다. 당 비서는 항상 자기 뒤를 캐고 있는 조직비서를 경계하고, 조 직비서는 그것이 전업인지라 실적을 위해서라도 사사건건 자꾸 보고 자료를 만들어야 하는 것이다. 일명 대중사업이라는 명목으로 은근 히 만나는 평당원들까지 관리하다 보면 자연히 계파가 갈리고 그 아 래의 압박이 위의 갈등과 대립으로 번질 수밖에 없다. 그래서 당 비 서와 조직비서와의 대립이 평당원들의 구설수에 오를 정도가 되면 상급 당 조직부가 검열단을 파견하여 실정을 요해(파악)하게 된다.

조직비서가 책임비서를 제치고 당 권력 정면에 서는 것은 책임비서의 언행이 당 정책과 어긋난다고 인정되는 비상 상황일 때이다. 그 때에는 조직비서가 즉석에서 책임비서를 평당원 수준에서 경질 조치할 수 있다. 그 원칙은 조직 내에서는 물론 사적 공간에서도 예외가 없다.

그 한 가지 사례로 '돌멩이 사건'을 소개할까 한다. 사건은 김정일의 단순한 심심풀이, 간부 농락이 발단이 되었다. 김정일은 초대소로 최측근들을 불러 파티를 즐길 때마다 가끔 고가의 선물을 주어 보내기도 했다. 그 선물을 얼마나 많이 받는가에 따라 재물의 축적은 물론 김정일의 신임도도 결정되기 때문에 북한 고위층 간부들은 항상 파티 참석보다 파티 선물에 더 민감했다. 그 심리를 잘 아는 김정일은 때로 선물 장난으로 파티의 흥을 더 즐겼다. 통전부 최 부부장이 김정일의 파티에 초대받았던 '영광스러운' 날이 하필이면 그런 재수 없는 날이었다.

최 부부장은 직책상 통전부 간부 담당 부부장이었지만 통전부 당위원회 책임비서를 겸직하고 있었다. 평시에는 간부사업을 전담하지만 통전부 당위원회에서는 통전부장 임동옥도 소속 당원으로 구속되는 지도적 위치에 있었다. 업무적으로는 대남비서인 김용순과 더 가까웠던 탓에 임동옥이 통전부 내에서 제일 싫어했던 인물이기도 하다. 파티가 끝나고 만취된 간부들이 짐짝처럼 차에 실려 집으로 돌아갈 때였다. 경호군인들이 김정일의 선물이라며 큰 박스도 함께 넣어주었다. 최 부부장은 집으로 돌아오기 바쁘게 밤새 뜬눈으로 기다리던 온 가족들을 불러 모아 정성스럽게 선물 박스를 개봉했다. 그런데 그 안에서는 진귀한 보물이 아니라 계속 작은 박스만 나왔다. 마침내 제일 작고 묵직한 박스 앞에서 가족들은 숨을 죽였다. 그런데 정작 그 안에서 나온 것은 시커먼 돌멩이였다. 김정일이 장난을 친 것이다. 훗날 전해진 소문에 의하면, 당일 파티에 참석했던 다른 간부들의 사정도 비슷했다. 어떤 간부는 술에 취해 미처 벗겨진 줄도 몰랐던 자기 구두 한 짝이 들어 있기도 했다. 어쩔 수 없이 낡고 해진 자기 구두를 김정일의 선물이라고 유리상자 안에 고이 모시는 간부 집도 있었다. 원래는 그래야만 정상이고 또 일관한 충성심이다. 그러나 최 부부장은 중대한 실수를 했다. 술이 덜 깬 상태에서 홧김에 돌멩이를 갖다 버리라고 한 것이다.

북한 간부들은 김정일 접견 다음날이면 의례히 집에서 자축 파티를 성대히 여는 관례가 있다. 통전부 조직비서를 포함하여 상당수 간부들이 다음날 최 부부장 집으로 초대되었다. 김정일의 선물을 궁금해하는 간부들 앞에서 최 부부장은 전전긍긍했다. 장군님께서 자기를 귀엽게 봐주시고 돌멩이를 하사했다며 일단 변명은 했는데 그 실물을 보여줄 수가 없었기 때문이다. 그 딱한 상황에서 철없는 막내딸이 아침에 아버지가 갖다 버리라고 했다는 말실수를 했다. 모두들 긴장하며 서로 눈치만 볼 때 조직비서가 엄한 표정으로 한 발 나섰다. 장군님의 선물이 설사 돌덩어리라도 그 자체가 믿음이고 가보(家寶)인데 어떻게 감히 쓰레기 취급을 할 수 있냐며 즉석에서 책임비서의 직무정지를 선언했다.

그 후 최 부부장에 대한 당조직지도부의 당성 검열이 시작됐고, 며칠 만에 최 부부장은 가족과 함께 간밤에 사라졌다. 임동옥은 최 부부장을 두고 늘 간부들 앞에서 이렇게 말했다. "장군님께서는 정말로 사람을 꿰뚫어보시는 능력이 탁월하셨다. 최 부부장은 돌처럼 둔하고 정치적 생명의 숨이 전혀 없었던 바보였다."

　솔직히 말해서 당 조직지도부를 설명한다는 것은 한갓 통일전선부 출신인 나에게는 너무 주제넘는 일이다. 현재까지 북한을 탈출한 사람들 중에 제일 특권층이었던 황장엽 전 국제부 비서도 아마 고개를 흔들었을 것이다. 그만큼 당 조직지도부는 그들만의 권력집단인 데다 사상 정화를 위해서라도 외국 출장의 경험이 있는 자들을 상대하는 것조차 불경죄로 취급하는 보수적인 권력의 음지이다. 황병서가 서울 방문 시 동네 아저씨처럼 수줍은 표정만을 지었던 것도 평생 북한만을 최고로 알고 살았던 당 조직지도부 출신의 평양 촌놈 첫 바깥 나들이였기 때문이다.

　〈뉴포커스〉 통신원의 정보에 의하면, 러시아 주재 대사관 당비서였던 이제강 제1부부장의 아들 이용남이 현재 당 조직지도부 안에서 아버지의 대를 잇고 있다고 한다. 황병서에 이어 그 한 사람이 더 추가되었다고 해도 당 조직지도부의 전통으로 본다면 달라질 게 없다. 그렇기 때문에 권력 속성이나 원칙상 겉으로 질내 드러나지 않는 당 조직지도부를 다 알 수 있는 탈북민은 현재까지 아무도 없다고 봐야 한다. 일반 주민들이 갖는 당위원회에 대한 권한 인식과 개념은 당위원회 대표자의 상징성에만 머물러 있는 수준이다.

　북한 여권 소지자들이었던 엘리트 출신 탈북민들의 경우에도 해외파견 자격 심사와 대상 선정 검증에 한에서만 당 조직지도부 간부부가 취급했을 뿐, 업무적으로 밀접한 관계는 없다.

내가 이 책에서 밝히는 당 조직지도부는 북한에서 간접적으로 얻은 정보이거나 엘리트 출신 탈북민들의 증언을 토대로 종합한 것에 불과하다. 그렇게 해서 현재까지 부분적으로나마 파악한 조직지도부 내의 과들은 당원등록과, 검열과, 규약기구과, 10대원칙지도과, 중앙당 생활지도과, 지방 당 생활지도과, 재외지도과, 해외파견과, 5과, 13과, 8과, 9과, 99과, 63과, 간부부, 행정부, 통보과, 종합과 등이다.

'당원등록과'는 북한의 모든 당원 등록과 관리, 당증 발부의 재량권을 갖는다. 당원이 되고 나서야 그 뒤의 삶이 결정되는 북한체제에서 당원 등록권은 권한의 출발이라고도 볼 수 있다.

'규약기구과'는 당 규약 규정은 물론 그에 맞는 기구 편성 및 관리를 담당하고, '10대원칙지도과'는 당의 10대원칙 규범에 맞는 지도와 관리를 전담한다. '규약기구과'와 '10대원칙지도과'는 공화국 헌법 위에 있는 수령주의 통치이자 무기이다.

'정책 검열과'는 간부 검열과와 당원 검열과로 나누어 검열과 처벌 수위도 갈라진다. 특히 간부 검열과인 4과의 경우 북한의 암행어사로 통한다. 지위고하를 막론하고 뒷조사 자료들을 김정일에게만 직보(直報)하도록 되어 있기에 간부들에게는 저승사자와 같다.

'검열과'에는 '정책 검열과'도 존재하는데 주로 김정일의 지시 관철 여부를 놓고 간부들을 처벌한다.

'중앙당 생활지도과'는 중앙당, 군, 내각을 비롯한 북한 내의 모든 중앙기관들의 당 생활지도를 담당한다. '지방당 생활지도과'는 도, 시, 군, 지방당 생활지도를 담당한다. '재외지도과'는 해외교포조직 관리 및 지도를 담당한다. 일본 조총련의 경우 부의장급 이상 간부들을 당 조직지도부에서 인사한다.

'해외파견과'는 해외 출장자들의 충성도와 자격 적성을 심사하는 곳이다.

'13과'는 조선인민군 총정치국과 총참모부의 당 지도를 전담한다. 북한의 군 권력을 노동당과 동등한 수준에서 보는 일부 외부시각과 다르게 '13과'의 과장 앞에서는 총정치국장도 자기 반성을 해야 할 정도이다.

'8과'와 '9과'는 만수대 의사당과 김일성의 시신이 있는 금수산기념궁전의 재정경리 부분을 지도한다.

'99과'는 군수공업부를 담당한다.

'5과'는 김정일의 사생활을 담당하는 부서이다. 특각이나 초대소들에 보내지는 기쁨조들도 이 '5과'를 통해 선발된다. 김정일의 문화적 취향을 만족시키기 위해 당 조직지도부 내의 선전수단들도 모두 이 '5과' 소속이다.

'통보과'는 김정일의 결정 및 비준 사안을 전국 당위원회들에 전달하는 역할을 한다.

'종합과'는 중앙당 부서들을 통해 보고하는 모든 제의서들을 종합하는 기능을 수행한다.

'행정부'는 인민보안성, 국가안전보위부, 재판소, 검찰소를 담당하는 사법 부서이다. 장성택이 행정부를 떼어내어 전국 조직으로 확장했을 때 인민보안부만 떨어져 나가고 국가안전보위부는 직속 부서로 그대로 존치되었다. '행정부'는 장성택의 처형 이후 해산되고 다른 명칭이 도입되었는데 확인할 수가 없다.

'간부부'는 '1과'부터 '11과'까지 있다. '1과'는 본부당, '2과'는 중앙당, '3과'는 지방당, '4과'는 군부, '5과'는 초대소나 특각, '6과'는 국가안전보위부, '7과'는 인민보안성, '8과'는 검찰소 재판소, '9과'는 내각, '10'과는 금수산기념궁전, 만수대의사당, '11과'는 대남부서 내 간부들의 인사 및 해임 권한을 갖고 있다.

모든 담당과는 또 '실'로 나누어진다. 이를테면 '11과'의 '130실'의 경우, 대남공작원들의 인사 및 파견 적합성 심사를 한다.

'3대혁명소조 지도부'는 사상, 기술, 문화의 포괄적인 영역 안에서 당적 요구와 감시를 한다. '3대혁명소조 지도부'는 김정일 후계권력이 완성되고 나서 1980년 말 '3대혁명소조 지도과'로 축소되었다가 2002년 이후 북한의 시장화를 감시 관리할 목적으로 다시 '3대혁명소조 지도부'로 승격되었다.

'63부'는 호위 사령부 담당 부서로서 이 부서의 실체에 대해서는 조직지도부 내에서도 비밀조직으로 분류되어 있다. 최근 탈북한 '김일성-김정일주의 청년동맹'의 지방1비서 출신의 엘리트는 당 조직지도부 내에 '속도전 돌격대' 전담과가 추가되었다고 증언했다. '김일성-김정일주의 청년동맹' 산하 '속도전 돌격대'는 자체 군복이 따로 있을 만큼 준군사 형태의 청년건설 부대이지만 구성원은 대학입시 불합격자들이다. 그런 허접한 '속도전 돌격대'도 관리 대상에 포함시킬 만큼 당 조직지도부는 사실상 중앙집권적 권한과 역할을 독점한 북한의 실제적 정권이다.

〔 3 〕
# 북한에만 있는 세대주 반장

외국인들의 방북 소감들 중에서 하나같이 북한을 칭찬하는 것이 있다. 평양시가 너무 깨끗하다는 것이다. 그러나 그것은 북한의 동 인민반 생활제도가 열심히 쓸고 닦아낸 청결이다. 평양에 거주했던 나도 새벽이면 거리 청소를 해야만 했다. 인민반 별로 담당구역이 있고, 매 세대가 순번제로 돌아가며 해야 하는 일이어서 청소를 안 하거나 불결할 경우 이웃의 눈총을 받고 양심에 부담이 되는 것이다.

내가 이 책에서 북한의 동, 인민반제도를 별도의 제목으로 언급하는 것은 북한 주민들은 출근해서는 당 조직생활, 퇴근해서는 동 인민반 생활에 구속되기 때문이다. 북한 정권이 주민들의 사생활까지 어떻게 당 조직생활의 연장선에서 통제하는지를 강조하기 위해서이고, 또 제대로 된 북한학이라면 필히 다루어야 할 문제이기 때문이다. 이런 전대미문의 병영사회가 가능한 것은 북한 정권이 아파트 거주도 공급제로, 그 소유마저 국유화한 탓이다.

1993년까지 북한에서는 주민들에게 배급과 함께 아파트도 계층과 등급에 따라 차등을 두어 무상공급을 했다. 그 체계적인 도시화 구성을 위하여 평양시를 크게 3개 구역으로 나누었다. 중구역 창광 거리는 중앙당촌, 서성구역 붉은 거리는 인민무력부촌, 대성구역 전체는 호위사령부촌으로 만들었다. 그 외의 지역들은 기타 기관들에 쪼개 주는 식으로 도시를 설계했다.

평양시와 유사하게 지방도 풍수지리가 좋은 곳은 우선 지방 당 기관들이 선점하고, 그 번화가를 중심으로 권력기관 서열대로 기관과 아파트들을 분산시켰다. 병영식 도시화와 함께 북한의 동, 인민반 생활도 기관 당 조직생활 연장선에서 이루어지고 있다.

북한의 동 인민반 생활 대표자는 2명이다. 인민반장과 세대주 반장이다. 인민반장은 동 인민반의 생활 전체를 담당하고, 세대주 반장은 각 세대의 세대주들만 담당한다. 인민반장은 전업이란 특성상 주로 집에서 쉬는 가정주부가 맡는다. 그 지명권은 동 인민반원들의 다수 의견으로 결정되는 것이 아니라 동사무소의 결심에 달려 있다.

물론 그 전에 동사무소는 인민반원들의 여론조사를 참고한다. 세대주 반장은 반드시 남자가 하도록 되어 있다. 인민반의 세대주 대부분이 남자인 이유도 있지만, 그들에 대한 지도적 권위를 갖기 위해서이다. 그래서 연령 혹은 지위가 비교적 높은 세대주 중에서 한 사람을 임명한다. 그 임명권은 동사무소의 제안에 따라 세대주 반장 후보가 소속된 당위원회에서 동의하는 식으로 이루어진다.

대부분의 북한 아파트들은 기관 아파트이다. 세대주들이 모두 같은 직장에 근무하는 관계로 당 조직생활 연장선에서 동 인민반 생활이 가능하도록 하자면 당 조직과 동 인민반 조직의 연대가 필수적인 것이다. 실제로 북한 정권은 주민들에 대한 사적 통제의 일환으로 동 인민반 생활이 충성생활의 한 부분이 되도록 제도화하였다. 그 우선권이 바로 인민반장, 세대주 반장의 인사 동의권이다.

북한에서는 입당부터 승진, 심지어 해임에 이르기까지 모든 인사 변동 서류에는 반드시 평정서(評定書)라는 것이 뒤따른다. 평정서란 인사 대상의 거주와 경력을 추적하여 관련 단위 책임자들의 개인 평가와 의견을 직접 받는 서류이다. 중앙당 입사나 당 조직지도부 인사의 경우에는 최소 6개월~8개월의 신원조회 기간을 경과해야 한다. 간부 인사 대상 조회가 장기간의 시간을 필요로 하는 것은 단순히 북한의 교통 여건이 열악해서만은 아니다. 간부부 부원들은 인사 대상의 소학교(초등학교) 시절부터 거슬러 올라가면서 각 단계마다 당시의 직접적 관계자나 당 조직 단위 책임자를 찾아내어 취재와 현장 사인을 받아야 한다.

내가 통일전선부에 입사할 때에도 6개월이 소요되었다. 통일전선부 간부부 부원은 그 6개월도 임동옥의 재촉과 관심이 있었기에 가능했던 기직이라고 말해 주었다. 중앙방송위원회 기자 임명은 중앙당 간부부 대상 기준에 해당되기 때문에 모든 서류가 이미 완벽했고, 그 덕에 자기들의 수고도 덜었다는 것이다.

그러나 내가 통일전선부 101연락소에 배치된 이후에도 뒤에서 신원조회는 3개월 더 연장되었다. 중앙당 선전선동부 간부부와 별도로 통일전선부만의 간부사업 원칙이 따로 있어서 그 특수조건들을 충족시키기 위해서였다.

그렇게 북한의 모든 당 조직의 간부부 인사 검증을 위해 제일 먼저 찾아가는 곳이 바로 인사 대상자의 거주지이다. 인민반장과 세대주 반장의 자필 평정서와 사인은 반드시 먹으로 쓰도록 되어 있다. 세월이 흘러도 사인 필체가 탈색되지 않고, 그만큼 과거의 책임한계를 분명히 하기 위해서이다. 만약 그 첫 관문에서 인민반장이나 세대주 반장이 폄하하거나 최종적으로 사인을 거부하면 인사는 원점에서부터 부결이 된다. 사인을 하도록 유도하기 위해 인민반장을 유혹하거나 압박하면 그 간부부 직원은 인사 대상의 경력 기만 공모자로 엄중한 처벌을 받는다. 애당초 그런 결탁 관계가 사전에 발생하지 않도록 간부부는 아무리 당위원회가 강력 추천한 인물이라도 자기들만의 권한과 원칙으로 인사 검증을 따로 하는 것이다.

그 권한의 분리를 위하여 당위원회 대표자가 아닌 조직비서 권한 밑으로 간부부가 존재하는 것이고, 그와 별도로 또 상급당 간부부에 보고하는 이중 체계로 운영되는 것이다. 동 인민반원들에 대한 인민반장과 세대주 반장의 평가 기준은 동 인민반 생활 참석 여부이다.

동 인민반은 당 조직생활과 유사하다. 세대주 조직, 인민반 조직으로 나뉘어져 그 대상에 맞는 동 인민반 생활들을 강요당한다. 동 인민반 생활에는 동 인민반회의, 동 강연회, 인민반 동원, 인민반 계획이 있다. 동 인민반 회의는 일주일에 한 번, 혹은 위의 지시에 따라 수시로 진행되기도 한다. 인민반 회의는 시작 전에 출석을 부른다. 세대 중에 미성년자라도 내보내지 않으면 인민반장에게 밉보일 수 있다. 결석 세대가 반복해서 계속 참석하지 않을 경우에는 동 보안부, 보위부, 동사무소에서 호출하여 자초지종을 따진다.

동 강연회는 시급한 당 정책 설명회나 위에서 요구하는 인민반 생활의 변동 원칙과 요구들을 전달한다. 인민반 동원은 직장 업무의 연속이라고 해도 과언이 아니다. 아침마다 각 인민반이 담당한 외부 구역을 청소하는 것으로부터 하루 일과가 시작된다. 방북하는 외국인들이 아주 청결하다고 칭찬하는 평양 시내의 모습은 그렇게 동 인민 반원들의 새벽 수고로 다듬어진 것이다. 주말에는 당의 정책적 호소가 집중된 중요 농장, 건설 등에 모든 세대가 의무적으로 동원되어야 한다.

큰 국가기념일 행사 때마다 펼쳐지는 평양시민 100만 군중행사들도 인민반 생활의 한 부분이다. 동 주민들에게 물질적 지원과 헌금을 강요하는 인민반 계획은 시도 때도 없다. 군대 지원, 사회건설 지원, 충성의 외화 벌이는 고정불변의 계획이고 연유, 비료, 건설자재, 거름용 인분에 이르기까지 국가계획경제의 공백은 모두 주민의 부담으로 돌아온다.

배급제가 붕괴된 이후 북한정권의 동 인민반 통제도 예전만 못하게 되었다. 먼저 기관 아파트의 정체성이 많이 희석되었다. 정권의 아파트 공급 정상화가 1980년대 중반부터 이미 중단된 것이 가장 큰 원인이다. 북한, 특히 지방의 아파트 대부분은 전후 복구와 천리마운동이 고조에 달했던 1960~1970년대에 지어진 것들이다. 현대적인 아파트라면 1980년대 초반 중앙당 간부들의 밀집지역인 창광거리이다. 창광거리 1만 5천 세대, 1980년대 후반 89년 청년학생축전용으로 지어진 만경대 구역, 락랑구역 5만 세대가 평양의 현대적 모습이다. 1980년 중반부터 내각의 국가계획경제가 사실상 붕괴되면서 한정적으로 생산되는 시멘트, 철, 목재마저도 발전소와 같은 전략시설들과 군수 건설에 우선 집중되어 아파트를 건설할 여유가 없었다. 정권이 정책적으로 추진하는 전시성, 홍보성, 특혜성 아파트 건설 외에 기관 자체의 아파트 공급은 완전히 중단되었다.

3대 세습의 전환적 이미지 회복을 위해 김정일 정권 말기에 기초를 박기 시작한 10만 세대 목표의 창전거리는 김정은 정권에서 겨우 몇 천 세대 수준으로 완공되었다. 시장화 영향으로 집을 몰래 사고파는 세대수까지 늘어나면서 기관 아파트는 중앙권력 외에는 별로 많지가 않다.

주민들의 주택난과 관련된 실화가 있다. 2002년 1월경에 발생한 일이다. 평양시를 현지시찰하던 김정일은 아파트 지하 창문으로 삐죽 나온 굴뚝에서 나오는 연기를 보고 저 연기가 무엇이냐고 동행하는 간부에게 물어보았다. 동행하는 간부는 뒤쫓아오는 호위차량에게 사실 확인을 지시했고, 이후 지하에서 사는 한 가족의 연탄 연기라고 보고했다. 김정일은 대노했다. 아파트 지하는 유사시 대피공간인데 거기에 가정집이 있다는 것이 말이 되냐며, 간부회의를 소집했다. 김정일은 그 회의에서 평양시 아파트들에 불법적으로 입주한 가족들과, 그것을 허용한 간부들을 조사하여 군법으로 엄하게 다스리라고 명령했다.

다음날부터 조선인민군 검찰소 검사, 무력부 보위사령부 군인들로 구성된 '전시대피대책위원회'가 구성되어 실태 조사에 나섰다. 대책위원회의 조사는 김정일이 직접 목격한 지하 아파트 가족과 동사

무소 직원들에 대한 체포로부터 시작되었다. 영문도 모른 채 수갑을
차고 보위사령부에 끌려간 그들은 전시법을 어겼다는 검사의 추궁에
아연했다. 그들의 죄라면 김정일의 시야에 우연히 들었다는 것뿐, 아
파트 지하 입주는 너무도 당연한 시민의 권리로 알고 있었던 것이다.

　사실 추궁하는 검사들조차 이 문제를 어떻게 법적으로 처리해야
할지 고민이 컸다. 전시법으로 다스리기에는 그 법적 요구가 너무 현
실성이 떨어졌던 것이다. 가뜩이나 거주 이동의 자유가 없는 북한에
서 주택난은 주민들에게 가장 큰 체제불만 요소였다. 그리하여 평양
시는 전시법 위반인 줄 알면서도 처음에는 시민들의 불법적 지하 입
주를 방치하였고, 그 숫자가 기하급수적으로 늘어나자 나중에는 아
예 지하 입주권을 공식 발행했다.

　그렇게 평양시가 발행한 합법적 지하 입주권으로 지하에서 생활
하고 있는 가족 인원은 2002년 1월 전시대피대책위원회 조사에 의하
면 15만이나 되었다. 그뿐만이 아니었다. 북한은 아파트를 건설할 때
반드시 지하와 옥상을 전시용으로 설계한다. 지하는 대피 지역으로,
옥상은 전시 방송 설치 및 감시 기능을 하도록 만든다. 그래서 아파
트마다 지하와 옥상에 대한 관리 권한만은 별도로 해당 구역당 민방
위에서 갖고 있다. 평양시는 지하 입주권과 함께 나중에 옥상 입주권
까지 발행하게 되었는데, 그 인원은 평양시 200만 인구의 10%에 해
당되는 20만 수준이었다.

　그 보고를 받은 김정일은 전시 대피지역을 가정집으로 만든 것은
평화 시기에 쌀이 부족하다고 전시용 군량미를 다 먹어치우자는 것
이나 다름없는 역적행위라며 군법으로 밀어내도록 명령했다. 전시대

피대책위원회는 당장 엄동설한으로 내쫓을 수가 없어서 처음에는 군법으로 거주권을 박탈하는 작전에 돌입했다.

그 첫 대상이 개인소유가 법적으로 금지된 북한에서 아파트를 돈으로 사고판 범죄자들이었다. 그런데 그 범인들도 중앙간부들이거나 그 연고자들이었고, 또 대부분 고급 아파트들이었다. 결국 대책위원회는 군법으로 '동거 입사증'을 새롭게 발행하고 즉시 이행하도록 강요했다. 동거 입사증이란 방 숫자에 비해 가족 수가 적은 세대들을 파악, 종합하여 그 집에 지하나 옥상에서 살고 있던 가족들을 강제 동거 시키는 개념이다.

김정일이 정한 한 달 시간을 넘기지 않기 위해 전시대피대책위원회가 군법으로 동거 입주를 일괄 강행하자 평양시는 말 그대로 아비규환이 되어버렸다. 평화롭던 가정에 생전 보지도 못하던 남의 집 식구들이 동거 입사증의 합법성을 주장하며 이삿짐과 함께 쳐들어오자 몸싸움들이 여기저기서 벌어졌다. 아들, 딸을 모두 출가시키고 노부부만 오붓이 살던 어떤 집에서는 동거가족이 처음부터 주인 행세를 하는 통에 아예 창문에서 떨어져 자살하는 사건까지 일어났다. 거주 세대와 동거 세대 남녀가 불륜을 저질러 사회적으로 문제가 되기도 했다.

전시대피대책위원회는 시민들의 분노를 억제하기 위해 중앙당의 간부들이 동거 입사에 앞장섰다며 선전하기도 했다. 그러나 실제로는 따로 살림하던 자녀들이나 친척들을 일시적으로 불러들이는 가족 친인척 동거에 불과했다. 대책위원회는 동거 입사를 허용하는 가족들에 한해 여러 가지 우대 정책을 내놓기도 했다. 새 아파트가 건설

되면 먼저 공급한다는 것, 대북지원 식량이 들어오면 석 달 분을 먼저 배급해 준다는 것, TV나 냉장고 둘 중에 하나를 앞으로 국가가 책임지고 지원해 준다는 것이었다. 그래도 민심이 요지부동이자 대책위원회는 동거 입사 갈등을 최소화하기 위해 각 기관들에서 자체로 동거 입주를 조절, 해결하도록 했다. 대신에 아파트 건설에 대한 자율화 조건을 대폭 완화하였다. 이를 계기로 북한의 돈 있는 사람들이 너도 나도 부동산업에 뛰어들면서 2002년 초반부터 북한에선 합의제 형태의 부동산 붐이 일어났다.

건설합의제란 아파트 건설 능력이 안 되는 기관은 토지와 인력을, 개인은 중국에서 건설자재를 수입하여 함께 짓는 방식이다. 기관은 70%의 소유권을, 개인은 30%의 소유권을 나누어 갖는데, 특혜 공급 내지 고가 판매 구조로 간부들과 부유한 자들에게만 혜택이 돌아갈 수밖에 없었다. 북한 정권은 그렇게라도 기관 아파트를 살리고, 또 그 병영식 거주 제도로 통제 기반을 유지하려고 하였지만 이미 자본주의적 요소가 더 우세한 판국이다. 동 인민반 생활을 통해 주민의 사적 공간을 지배하려는 북한 정권의 구체적 장악력은 현재로는 간부 인사의 신원조회, 주민 동원, 주민 세뇌, 주민 감시 방식에만 남아 있다.

# 〔4〕
# 당, 보위부, 보안성 3중 감시망

북한 주민의 동 인민반 생활을 강력한 물리력으로 뒷받침하는 것이 당, 보위부, 보안성의 3중 감시 시스템이다. 이를 위하여 사회의 말단 행정기구인 동사무소에는 구역 당, 구역 보위부, 구역 보안소 담당 부원들이 한 명씩 배치된다. 그들의 주된 업무는 표면상으로는 각각의 주민등록 정리와 요해(파악) 사업이다.

먼저 주민등록 정리는 당, 보위부, 보안성이 조금씩 다르다. 가장 포괄적인 주민등록은 구역 당위원회의 문서들이다. 관할지역에 거주한 매 세대 인원들의 직업 변동, 근무 경력, 동 인민반 생활에서 나타난 여러 장단점 사례들을 기록한다. 그렇게 정리된 주민등록 문건은 노동당의 주민관리 정보도 되지만 당원들에 대한 당적 판단의 중대한 자산도 된다. 특히 중앙당 인사자료로도 활동된다. 중앙당 인사는 직계 8촌까지, 당 조직지도부 인사는 직계는 물론 사돈의 8촌까지 출신 성분을 따진다. 구역 당위원회 주민등록 문건들은 광범위한 인사

검증에 즉각적인, 그리고 현장 고발의 빈틈없는 증빙서류가 된다. 사람과 정보의 장악으로부터 시작되는 노동당의 영도를 말단 행정체계인 동 인민반 단계에서 책임지는 것이 구역 당위원회라고 볼 수 있다. 만약 중앙당 간부부에서 필요한 개인정보를 요구했을 때 해당 인물 자료가 누락되거나 불충분할 경우 담당 구역 당위원회 관계자들은 옷을 벗어야 한다.

구역 보위부는 주민들의 사상 동향이나 그 구체적 언행까지도 모두 문서화한다. 내가 북한에서 가깝게 지내던 친구가 한 명 있었다. 고위간부였던 아버지가 사망하자 대를 잇게 하라는 김정일의 방침 지시로 평양 시당에 배치 대기발령을 받게 되었다. 그런데 중앙당 간부사업 중에 갑자기 중단되었다. 거주 구역 보위원의 주민등록 문건에 정치적 오해 소지가 있는 문제성 발언이 기록되어 있었기 때문이다. 친구가 동네 세대주들과 야유회 장소를 논하던 중 만경대로 가자는 이웃의 발언에 "우리끼리 놀려고 가는데 왜 하필 만경대로 가는가, 우리가 당 조직인가?"라고 반박한 것이었다.

"수령님의 고향집인 만경대를 직접적으로 거론하며 부정적인 심리를 드러낸 엄중한 발언"이라는 구역 보위원의 부연 설명까지 더해졌다. 그 사적 발언 하나가 내부적으로는 친구의 정치적 운명에 수갑을 채우고 있었던 것이다. 비밀에 해당되는 그 보위부 문서도 국가안전보위부에 근무하는 가까운 친척을 통해 알 수 있었다. 김정일의 방침 지시로 시작한 간부사업이라도 당 차원의 인사검증은 도중에 중단될 수밖에 없었다. 평생 뒤따르는 구역 보위원의 자필 감시가 자기 미래까지 구속한다고 직감한 친구는 당 간부를 포기하고 무역회사에 취직하고 말았다.

구역 보안소는 거주 이동의 행정적 절차와 함께 관할 지역 주민들의 비사회주의적 불법성 여부를 추적한다. 특히 거주권 자격 심사와 함께 개인의 거주 과정의 주민등록 문건들을 정리한다. 인민보안성의 주민등록 요해 권한이 가장 심각하게 사회적으로 부각됐던 시점이 '심화조 사건' 때이다.

'심화조 사건'은 2005년 『신동아』 10월호를 통해 〈전 북한 핵심 관료가 육필로 쓴 '김정일 권력 장악 비화'〉라는 제목으로 내가 세상에 최초로 공개하였다. '심화조 사건'은 김일성의 사망과 겹친 대량 아사의 불안 정국을 돌파하기 위해 장성택의 발기로 1997년부터 2000년 사이에 2만여 명에 달하는 사람들이 고문 처형된 특대형 간첩단 사건이다.

그 사건의 발단은 주체농법 실패를 전 농업비서 서관희의 간첩 혐의로 뒤집어 씌워 평양시에서 공개처형하면서부터 시작되었다. 사건이 터지기 한 달 전 서관희는 비료 30t을 친인척들에게 장사 목적으로 빼돌렸다는 혐의를 받고 사회안전성 산하 보통강구역 안전부에 수감돼 있었다. 그때로 말하면 17만 인구의 김책시에서만 하루에 200여 명의 노동자가 굶어죽어 나가던 때였다. 누군가 식량난과 배급제 붕괴의 책임을 지지 않으면 민심이 당장 폭발할 상황이었다. 이렇게 김정일 대신 모든 죄를 뒤집어쓴 서관희는 비료 유출 경제범에서 '남조선 안기부 간첩'으로 몰려 공개처형 당했다.

중앙당 농업담당 비서 서관희

그날 서관희는 사격수들의 총탄에 맞아 죽은 것이 아니었다. "우리를 굶어죽게 한 남조선 괴뢰놈들을 찢어 죽이라!"며 격노한 군중의 돌에 맞아 죽었다. 그 사건을 계기로 식량난의 모든 책임은 김일성, 김정일 때문이 아니라 남조선과 간첩들, 그리고 무능한 간부놈들 때문이라는 여론이 확산됐다. 사회안전성 수사발표에 의하면 서관희는 6·25전쟁 시기 경력 중 조직생활에서 이탈하여 한 달 간 공백이 있었다는 것이다. 그 문제의 한 달 동안 남한으로부터 임무와 훈련을 받았다는 것이다. 사회안전성은 자신들의 이러한 비과학적인 수사논리를 정당화하기 위해 '용성 사건'을 추가적으로 감행했다.

'용성 사건'이란 6·25전쟁 당시 남조선 특수기지에서 훈련을 받은 최고사령부 타격대 요원들이 평양 용성에 거주하며 때를 기다리다가 잡혔다는 것이다. '용성사건'은 북한 중앙 TV가 공개했기 때문에 그 동영상 자료는 한국 정보기관에도 남아있을 것이다. '용성 사건'의 대상도 대부분 고령의 당 간부들이었다. 이미 죽었거나 나이가 들어 집에서 쉬고 있는 노인들을 끌어내어 공개처형했다. 중앙당 전

농업부장 김만금은 1984년에 죽어 이미 혁명열사릉에 묻혀 있었는데 다시 파헤쳐져 공개재판을 한 뒤 유골에 사격을 가했다. 옛날에나 있을 법한 부관참시였다.

김일성의 두터운 신임을 받았던 조선노동당역사연구소 소장 피창협과 그 가족들은 정치범수용소로 끌려갔는데 피창협은 수용소에서 끝내 자살했다. 사회안전성이 이런 사건들을 연이어 조작할 수 있었던 것은 김정일의 체제불안 심리와 사회안전성 담당 행정부 부장이었던 장성택의 권력 야욕이 작용했기 때문이다.

사실 그전까지만 해도 사회안전성은 국가안전보위부와 인민무력부 보위사령부에 완전히 밀려 사법권이 거의 제로 수준이었다. '서관희 사건'과 '용성 사건'을 계기로 김정일은 사회안전성에 북한 주민 전체의 주민등록 문건 요해를 심화하라는 지시를 하달했다. 이어 김정일은 "내 주민등록 문건부터 요해하라"는 말로 사회안전성에 최고의 특권을 줬고, 사회안전성은 단 열흘 만에 각 도·시·군에 이르기까지 수백 의 '심화조'를 설치했다.

김정일이 주민등록 문건 요해를 '심화하라'고 한 문구를 그대로 사용하여 조직 명칭을 '심화조'라고 하였으며, 사회안전성에 '심화조' 총지휘본부를 만들었다. 책임자는 사회안전성 정치국장 채문덕 대장, 지휘부 참모장은 사회안전성 참모장 황진택 상장이 맡았다. '심화조'가 조직된 첫날 가장 먼저 잡아들인 사람이 바로 당중앙위원회 전 본부당 책임비서 문성술이다. 국가안전보위부나 무력부 보위사령부 앞에서도 그 권세가 당당하던 당 중앙 간부들은 모두 아연했다.

본부당 책임비서를 감히 체포하려면 반드시 김정일의 사인을 받아야 한다는 것은 상식이었기 때문이다. 중앙당 간부들은 김정일의 권력으로 움직이는 '심화조'의 실체를 피부로 느끼게 됐고, 그러한 공포 속에서 '심화조'는 무소불위의 권력을 휘둘렀다. 문성술의 체포를 직접 발기한 사람은 다름 아닌 장성택이었다. 장성택에게 중앙당 본부당 전 책임비서 문성술은 원수 같은 존재였다.

문성술은 본부당 책임비서로서 김일성 유일지도체제와 김정일 계승 문제를 책임져야 할 위치에 있었기 때문에, 김정일의 친인척들 중에서 권력지향 가능성이 가장 높은 김정일의 매제 장성택을 '곁가지'로 철저히 감시, 견제했다. 그는 장성택 주위에 사람들이 모이는 것이 포착되면 비판 추궁해서 해산시켰고, 당사자인 장성택에게 직접 주의를 주기도 했다. 심지어 그의 비리를 김일성과 김정일에게 보고하기도 했다.

북한 전역을 또 한 번 놀라게 한 것은 문성술 간첩사건에 이어 평

▲ 왼쪽부터: 문성술(전중앙당본부장 책임비서), 서윤석(전 평남 도당책임비서 겸 인민위원장), 계응태(중앙당 비서).

안남도 당 책임비서 서윤석이 체포된 일이다. 그의 체포도 순전히 개인관계에서 비롯된 것이다. 심화조 총지휘부의 책임자 채문덕은 사회안전성으로 옮겨가기 전 평양시 안전국 국장을 지냈다. 서윤석은 이 시기 평양시 당책임비서였는데 질투와 욕심이 많은 채문덕을 눈여겨보고 있다가 비리가 제기되자 당적 권한으로 혁명화 교육을 보내버렸다.

서윤석이 아니었으면 지금쯤 더 빨리, 더 높이 출세했을 거라며 항상 불만과 증오를 품고 있던 채문덕은 장성택의 복수로 문성술을 잡아들인 후 그 대가로 장성택을 통해 김정일의 사인을 받아내어 서윤석을 체포한 것이다. 심화조 총지휘부의 책임자들부터 이렇듯 개인 감정으로 출발하니 각 도, 시·군 안전부 심화조 성원들도 더 말할 여지가 없었다. 전국 곳곳에서 복수전의 피바다가 펼쳐져 평소 심화조 성원들과 앙숙이던 사람들 대부분이 고문으로 살해되거나 간첩 누명을 뒤집어썼다.

심화조의 사법처리 방법은 중세 시기에나 가능했을 무법천지였다. 감옥 수감자 수를 줄이고 성과를 올리기 위해 일단 자백 문건을 받아내 죄명이 인정되면 상부의 사인을 받아 감옥 내에서 총살했다. 중앙급 간부들의 처리는 직접 김정일의 비준을 받아 처리했는데, 누가 쏠지 이름까지 지명하여 친필서명이 떨어지면 그대로 사회안전성 간부들이 나가서 처형했다. 지방에서는 지방 안전국 자체 결정으로 재판도 없이 총살이 집행됐다.

김정일은 충성경쟁을 유도하기 위해 사회안전성의 성과를 언급하며 국가보위부와 인민무력부 보위사령부를 강하게 질타했다. 그리하여 국가보위부와 인민무력부 보위사령부는 사상 최초로 연합을 하여 역으로 사회안전성의 전횡을 비밀리에 수사하기 시작했다.

처음에는 국가보위부를 맡아보았던 계응태 당비서가 사회안전성의 문제점을 제기했다가 즉석에서 김일성고급당학교로 혁명화 교육생으로 좌천됐다. 이어 사회안전성이 중앙당 간부들은 물론 국가보위부와 인민무력부 보위사령부 간부들의 집도 가택수색하는 사건이 이어지자 김정일 몰래 정면돌파를 선택하게 된 것이다.

그 뒤에는 문성술의 뒤를 이어 장성택을 견제해 왔던 당조직부 이제강 제1부부장이 있었다. 국가안전보위부와 무력부 보위사령부는 사회안전성 심화조 사건으로 인한 민심 변화와 그 부정적 실태를 골자로 하는 정세보고서를 작성했다. 또한 그 방증 자료로 간첩 혐의를 강요하는 예심 과정의 녹음테이프들을 김정일에게 제출했다. 김정일은 김일성 사후 당, 군, 내각의 권력 지반 정돈과 강화를 목적으로 시작했던 '심화조' 사업이 본래의 취지를 넘어 전 사회적인 불안과 반감으로 전파되고 있음을 간파했다.

또 그것이 자신에 대한 불신으로까지 이어지고 있음을 알아채고 '심화조'를 해산함과 동시에 사회안전성의 권력 전횡과 고문행위를 조사하기 위한 중앙당 조직지도부 검열과를 조직하고 '심화조' 지휘성원들을 모두 체포하라는 지시를 내리게 된다. 김정일은 이어 '심화조 사건'을 현대판 '민생단 사건'으로 규정짓고 억울하게 희생당한 사람들과 그 일가족들에 대한 사면 조치를 지시했다.

'민생단 사건'이란, 해방 전 일제 비밀정보기관이 한인 공산주의 세력 내에 몇 명의 스파이를 침투시켰던 사건이다. 초기에 곧 발각되고 소멸되었는데, '민생단 숫자가 수천 명에 이른다'는 소문 때문에 공산 조직 내에서 서로 의심하고 죽인 끝에 그 희생자가 정말로 수천 명에 달했다는 사건이다. 김정일은 전국의 강연회에서 사회안전성 심화조의 죄행을 폭로하는 당 중앙 검열 총화 결과를 공개하도록 하고, 따로 당 중앙 간부 강연회에선 국가안전보위부와 무력부 보위사령부가 녹음한 테이프 자료까지 구체적으로 소개했다.

간부들에 한에서만 공개되었던 테이프가 사회로 유출되면서 주민들의 분노는 더 커져서 당시에는 사회안전성 안전원들이 군복을 입고 밖에 나가지 못할 정도였다. 김정일은 민심을 달래기 위해 사회안전성 심화조 소탕작전을 벌이도록 지시했다. '심화조' 주모자로 사회안전성 정치국장 채문덕과 중앙당 조직지도부 중앙당 생활지도과 사회안전성 담당 책임지도원 리철, 사회안전성 주민등록국 국장, 용성구역 안전부 수사과장, 이 네 사람을 지목하고 장성택의 책임까지

채문덕 사회안전성 정치국장

떠넘겨 현대판 종파분자, 반혁명분자로 판결하고 총살에 처했다.

사회안전성 참모장 황진택을 비롯한 몇몇 간부는 징역 15~20년의 중형, 심화조 세포 조직을 책임졌던 각 도·시·군 안전부장과 정치부장은 10년형, '심화조'에 앞장서서 악독한 고문 방법으로 예심 조사했던 평양시 안전부 심화조 여성 예심원을 비롯한 전국의 고문 전문가 수백 명에게는 무기징역형을, 전국의 '심화조' 소속 안전원 6,000명에게 출당 해임 및 수감시켰다. 김정일은 인민을 탄압하는 조직이 되지 말고 인민의 생명을 보안하는 조직이 되라는 의미로 사회안전성을 인민보안성으로 바꾸도록 지시했다.

김정일의 정치적 쇼는 여기서 끝나지 않았다.

김정일은 수많은 사람들의 '민생단 혐의'를 자기가 직접 벗겨준다는 의미에서 정치범 수용소에 갇혀 있던 심화조 피해자들을 최고사령관의 명령으로 석방시켜 주었다. 그들이 인생을 다시 찾는 격정의 순간을 주민들에게 보여주라며 효과를 극대화하기 위해 수용소에서 강연회 현장으로 이송할 때까지 본인들에게 석방 소식을 알리지 말도록 했다. 그러나 그 통에 강연회장은 오히려 독재의 고발장처럼 돼 버렸다.

영문도 모르고 정치범수용소에서 며칠 동안 트럭에 실려 시내까지 온 초췌한 몰골의 정치범들은 큰 소리로 낭독되는 김정일 최고사령관의 석방 명령이 사형 판결처럼 들렸는지 "제발 죽이지 말아 달라"며 애원했다. 어떤 이는 자기가 아직도 갇혀 있다고 생각했는지 "미안하다. 나 때문에 너희들이 죽는구나. 제발 나만 죽여라!"고 피를 토하며 소리 질렀다. 그렇게 전국 곳곳에서 벌어진 정치범 석방과 가족상봉 모임은 원래 3차까지 예정돼 있었지만, 첫 실험 후 역효과가 확인되자 곧 중단하고 말았다.

'심화조' 피해자들의 고통은 그뿐만이 아니었다. 이미 강제 이혼을 당해 다른 남자와 결혼한 여인들도 있었고, 자살한 사람도 있었다. 집과 재산까지 빼앗겨 한지(寒地)에 나앉은 사람들도 많았다. 그리하여 김정일은 일단 심화조 피해자들에게 해당 거주지의 당위원회들에서 임시로 집단 거처를 마련해 주고 쌀과 기름을 공급하라고 명령했다. 평안남도 당 책임비서 서윤석은 얼마나 고문을 받았는지 봉화진료소 입원 중에 간호원이 주사기를 들고 다가가자 "선생님, 제발 주사는 놓지 말아 주십시오. 다 말하겠습니다."하며 무릎을 꿇고 빌었다고 한다.

심화조에 모든 책임을 떠넘기고 스스로를 북한 주민의 구세주로 포장한 김정일은 훗날 "문성술은 신념이 투철한 사람인데 서윤석은 신념이 없다"고 비교해서 비판하기도 했다.

'심화조' 사건으로 약 2만여 명이 사형당하거나 정치범수용소로 끌려갔다. 그렇듯 피해가 클 수밖에 없었던 것은 일가친척까지 잡아들이는 3대 멸족 연좌제 때문이었다.

'심화조 사건'의 피해자가 대부분 북한 간부들이었던 것은 세 가지 이유 때문이다. 첫째는 김일성 사후 완전히 실권에서 밀려나 불평불만이 많았던 김일성의 측근들에 대한 김정일의 증오심 때문이었다. 그래서 '심화조'의 수사 초점이 6·25경력자들에 맞춰졌고, 실제로 수많은 김일성의 동지들이 제거 당했다.

둘째는 당시의 식량난과 민심을 이데올로기로 돌파하려는 김정일의 의중 때문이었다.

셋째는 국가보위부와 인민무력부 보위사령부에 완전히 눌려 있었던 사회안전성이 그동안의 열등감을 만회해 보려던 과잉충성 때문이었다.

김정일은 이제강을 비롯한 당 간부들이 장성택에게 쌓인 불만을 잘 알고 있었지만 매제가 '심화조'의 실권자로 연계되는 것을 바라지 않았다. 그리하여 '심화조' 사건이 종결되고 나서 몇 달 후에야 장성택에게 혁명화 처벌을 주었다. 이제강은 2010년 의문의 교통사고로 사망했다.

내가 심화조 사건에 대해 장황한 설명을 하는 이유는 2013년 12월 장성택의 처형을 단순히 김정은의 1인 분노가 아닌 권력 내부의 조직적 경계와 보복의 결과라는 것을 입증하기 위해서이다.

북한 조선중앙통신사가 공개한 장성택 해임, 판결 사진

'심화조' 사건의 전례가 아니었다면 아마 장성택의 운명도 달라졌을 것이다. 어쩌면 장성택의 죽음은 인과응보의 결과라고도 할 수 있다.

다시 3중 감시 시스템으로 돌아가 설명하면, 당·보위부·보안성은 구역 단위의 장악력을 위해 각각의 정보원들을 최소한 한 명 이상 둔다. 그 대상을 선정하는 첫 번째 원칙은 3중 감시 시스템의 기능이 서로 겹치거나 충돌하지 않도록 하는 것이다. 그래서 정보원 선정의 첫째 조건은 경쟁 부서에 소속된 경험이 전혀 없어야 한다. 부서마다 정보원 사상 검증 조건에서도 조금씩 차이가 있다. 구역당은 당에 대한 충성도를 우선시하지만, 보위부와 보안소는 정반대이다. 부서의 업무 성격과 목표가 다르기 때문이다. 구역당은 당 정책과 관련된 여론 수렴이 최고의 목표이지만, 보위부와 보안부는 주민 불만이 행동으로 이어질 수 있는 증거들을 집요하게 추적한다. 독재정권의 감찰 조직이라 하더라도 불법적으로 사람들을 마구 감금하거나 처형하지는 못한다. 反수령주의적 요소들에 대해서는 발견 즉시 현장에서 선(先) 조치 후(後) 법적 절차를 밟지만, 평상시의 감시에서는 물증 증거로 발부받은 법원 영장이 있어야 한다.

구역당은 정보원 선정에서 충성도를 우선시하는 반면에 구역보위부와 보안부는 범죄 경력자나 과오 있는 사람들을 더 선호한다. 법적 지위에서 공세적인 요구를 할 수 있는데다 정보원들의 피해의식도 남달라서 법 의존도와 충성도가 크기 때문이다.

그 각각의 정보원들은 동 인민반 내의 어느 누구도 정체를 알 수가 없다. 발각되는 순간 본인의 활동에도 제약이 있고, 그 자체만으로도 해임 조치된다. 정보원들의 보안을 위해 구역 당, 구역 보위부, 구역 보안소 부원들은 특별한 경우가 아니고는 대체로 직접 면담을 기피한다. 사무실 문짝에 우편물들을 집어넣을 수 있는 구멍을 내고 그 짬을 통해 주로 쪽지 거래를 한다.

3중 감시 시스템의 담당자들은 동 인민반원 중에서 간부 인사 문제가 제기되었을 때 제일 당당해진다. 그때에는 뇌물도 꽤 받는다. 설사 그렇다 하더라도 연대책임의 보증을 서야 하는 입장이므로 아주 심각하게 고려하여 결정한다.

담당자들은 자기 구역 내의 인민반들을 순회하는 방식으로 관리한다. 그래서 평범한 인민반원들은 호출을 받거나 신소(伸訴)를 위해 직접 찾아가지 않는 한 얼굴을 보기가 힘들다. 그런데도 담당자들은 인민반원들의 가정생활과 근황을 자기 손금 보듯 파악하고 있다. 김정일은 구역 당, 보위부, 보안원들이 자기 담당 구역 내의 매 가정에 숟가락이 몇 개 있는지도 다 알 수 있을 정도로 꿰뚫고 있어야 한다고 늘 강조해 왔다. 담당자들은 아파트 경비원이나 인민반장, 정보원들을 통해 자기 관할 안에서 누구 집에 어떤 손님이 왔고, 또 어떤 물건이 들어오는지, 가정 싸움이 얼마나 잦은지, 불륜 가능성이나 그 대상이 누구인지도 일일이 보고받는다. 지위나 수입에 맞지 않게 외국 생필품들을 자주 사용하면 뇌물 혐의 내지 비사회주의 혐의를 전제로 그때부터 주목한다. 특히 3중 감시 안테나에 구체적 행위자로 포착된 요주의 인물에 대해서는 그와 가까운 인민반 이웃을 포섭해서라도 밀착 수사를 한다.

나도 북한에서 구역 보위원의 면담 수사에 한동안 시달린 적이 있다. 통일전선부에서 월 공급으로 주던 적선 물자(남한의 대북지원 물자)를 아무 생각 없이 쓰고 버린 죄 때문이었다. 처음에는 구역 보위원이 나를 호출한다기에 그깟 구역 보위원이 뭐기에, 하는 반발 심리로 한 달 넘게 무시했다. 당 조직에 정식 통보하겠다는 협박을 받고서야 사무실로 찾아갔더니 구역 보위원은 무작정 큰 마대 2개를 책상 위에 소리 나게 올려놓았다. 그게 뭐냐고 묻기도 전에 신경질적으로 마구 쏟아놓는 마대들에서는 그동안 내가 갖다 버린 남한 상표의 쓰레기들이 쏟아져 나왔다. 저게 다 내 집에서 나온 쓰레기인지 의심할 정도로 사무실 바닥에 가득 찼다. 거의 6개월 분량을 모아놓았던 것 같았다. "동무에게는 쓰레기이지만 다른 사람들에겐 신기한 물건으로 장식장에까지 들어가 있었소. 그 신소가 단서가 되어 내가 구역 안의 모든 오물장을 두 달 넘게 돌아가며 밤새 지켰단 말이요."

구역 보위원은 화를 냈지만 쓰레기와 연결된 온갖 상상에 나는 끝내 웃음을 터뜨렸다. 그 일을 계기로 나는 한동안 통일전선부 공급 물자 중의 일부를 구역 보위원에게 떼어 줘야만 했다. 그는 나중에는 나의 도움으로 제법 큰 돈도 벌었다. 부끄러운 일이지만, 나는 남한에서 보내준 대북 인도주의 물자를 빼돌렸던 사람 중의 한 명이다.

2000년의 일이다. 남한의 대북지원 물자들은 '적선 물자'(적국의 물자)란 이유로 통일전선부 조국평화통일 서기국에서 전담한다. 고가의 생필품들은 통전부 간부들에게 우선권이 있다. 하루는 조평통에서 근무하는 친한 선배로부터 창고에 물건이 조금 남아 있는데 가져가라는 연락을 받았다.

현장에 도착해 보니 돈이 될 만한 물건들은 이미 다 가져가고 필 (疋)로 된 기저귀용 가재천만 남아 있었다. 내 기억으로는 폭이 60cm, 길이가 24cm였던 것 같다. 선배는 먹고살기도 어려운 판국에 외화를 주고 아기 똥기저귀를 사 갈 사람이 없어서 달랑 이것밖에 안 남았다며, 왜 그리 늦었느냐고 푸념했다. 구매자가 없어서 가격도 한 필에 미화 2달러로 싸게 책정했다는 것이다.

나는 2달러밖에 안 되는 물건인지라 싼 맛에 한 필을 집에 가져갔 다. 구역 보위원에게 생필품은 주기 아깝고 똥기저귀라도 선심용으 로 줘야 하겠다는 생각에서였다.

며칠 후 구역 보위원이 헐떡거리며 달려왔다. 물건이 더 있으면 전부 가져가겠다는 것이었다. 내막을 알아봤더니, 똥기저귀가 아니 라 돈 기저귀였다. 장사꾼이 기저귀용으로는 팔리지 않자 생리대로 전환했다. 손수건 크기로 한 장씩 잘라 따로따로 포장하여 시장에 내 놓으니 불티나게 팔렸던 것이다.

북한의 대부분 여성들은 가재 천을 생리대로 사용한다. 북한에서 생산된 두텁고 빳빳한 가재 천과 달리 질 좋은 한국 산 가재천은 물 에 그냥 담가 놓기만 해도 핏물이 빠지며 깨끗해진다는 것이었다. 기 저귀용으로는 고작 한 필에 2달러인데 생리대용으로는 수십 달러나 되었다. 그 비밀을 알려준 덕에 조평통 선배는 앉은 자리에서 며칠 만에 몇 만 달러의 돈을 벌었다.

내가 한국의 대북지원 단체의 초청으로 강연을 갔을 때 무심결에 그 생리대 일화를 꺼낸 적이 있다. 이야기가 끝날 때쯤 스님 한 분이 상기된 얼굴로 벌떡 일어났다. 자기가 보내준 아기 기저귀용 물건이라며 길이와 폭을 두 번 세 번 재확인하기까지 했다. 스님은 내가 말한 숫자들이 정확하다며 자기의 대북지원 생각에는 변함이 없지만 북한정권에 대해선 증오한다며 언성을 높였다.

그 기저귀와 함께 불교단체가 보낸 대북지원 물자 중에는 자전거 2,000대도 포함되어 있었다. 자전거는 2000년 2월 16일 대홍단 혁명 전적지 건설에 파견된 청년 노동자 2,000명에게 김정일의 명의로 선물되었다.

〔 5 〕
# 민방위를 통한
# 북한사회의 준 군사화

당 조직생활이 북한 주민의 일상생활에 대한 일상적 지배라면, 민방위는 군법이 요구하는 준 군사화 시스템이다. 민방위의 목적은 남북분단 상황을 고려한 전민(全民)의 군사화라고 하지만, 실제로는 개인의 의식에 침식될 수 있는 평화를 권력의 총소리로 각성시키려는 공포정치의 또 다른 형태이다.

민방위부가 북한 내의 군이 아닌 각 단위 당 조직위원회 안에 소속되어 있는 것도 당 권력의 정점이 궁극적으로는 군법으로 강요하는 권위를 갖는다는 것을 의미한다. 그 강제성을 주민들에게 우회적으로 인식시키기 위해서 당 조직생활의 특화된 일부로 민방위 활동이 전개되는 것이다.

민방위는 산하에 붉은청년근위대, 교도대, 노동적위대를 두고 있다. 붉은청년근위대는 북한 고급중학교(14~16세), 교도대는 대학(20~46세), 노동적위대는 직장(30~60세)에 적용되는 비정규 무력조직이다.

학생군사조직인 붉은청년근위대는 1970년 9월 12일 김일성의 지시로 창설되었으며, '항일 혁명 투쟁 시기의 청년 의용군과 소년선봉대의 영광스러운 계승자'로 불린다. 이들의 주요 임무는 연령 제한상 전쟁 시에 후방 방어나 질서유지이다. 군사훈련도 남녀 모두 후방 전투에 초점이 맞춰져 있다. 군사훈련은 학교 근처 지역의 산속에 위치하고 있는 노농적위대(한국의 예비군) 훈련소에서 연중 7~10일간 집단 숙식하며 기상부터 취침까지 군인들과 똑같이 받는다. 각 훈련소의 교관 및 지역 담당 노농적위대장(예비군 지역 중대장)이 훈련 전반을 지휘, 통제하게 된다.

교도대는 전장에서 실제로 싸울 수 있는 나이의 사람들로 구성되는, 북한에서 가장 핵심적인 예비전력으로서 대학생 교도대와 직장 교도대로 나누어진다. 대학생 교도대는 17~24세까지의 대학생들을 위주로 하고, 민간 교도대는 24~46세까지의 모든 직장인들을 포함한다.

대학생 교도대는 대학 자체로 매월 1회씩 군사훈련을 반복하다가 졸업을 앞두고 6개월간의 병영체험을 집중적으로 하게 된다. 이때에는 각 단위에 지정된 교도대 훈련소에서 민방위부 소속 전문 군인 교관들로부터 6개월간 AK 실탄 사격과 군사훈련을 받게 된다. 6개월이나 남녀 대학생이 고된 병영생활을 하는 관계로 그 시점에 동창생 연인이 가장 많이 배출된다. 또한 여대생과 군인 교관 사이의 정분도 자주 발생한다. 군인 특유의 남성미에 끌리는 사례도 있지만, 대부분은 대학 졸업 여부가 교관의 손끝에 달려 있기 때문이다.

엄격한 군인 질서와 훈련 강도는 여대생들에겐 일상의 무자비한 파괴나 다름없다. 교관이 6개월 과정의 교도대 훈련 점수를 낮게 주면 다른 과목의 학점이 아무리 높아도 졸업장을 쥘 수가 없다.

직장 교도대는 정례적으로 1년에 한 번씩 업무를 중단하고 보름 동안 집중적으로 군사훈련을 받는다.

내가 조선중앙방송위원회에서 근무할 때에는 그 군사훈련을 받는 15일간이 연중 제일 고통스러웠던 때이기도 했다. 특히 1995년에는 살인적인 군사훈련을 받아야 했다. 부서 직원들은 순번대로 교도대에 파견되는데, 하필 내가 선택된 바로 그 직전에 조선중앙방송위원회 문예총국 라디오작가가 탈북하는 사건이 발생한 것이다. 그것도 교도대 훈련 기간 중에 대원들에게 공급할 술을 장만해 오겠다며 3일간의 허락을 받고 그 사이에 탈북했다. 당의 목소리라는 조선중앙방송위원회에서 일어난 사건이라는 것도 충격이지만 술 때문에 3일을 허락했다는 그 이유가 더 심각했다.

중앙당 민방위부에 이어 조선중앙방송위원회 당위원회 간부들 전체를 상대로 당 조직지도부 검열까지 받게 되는 바람에 그 사건이 발생한 현장에서 나는 아주 큰 곤욕을 치러야만 했다. 그 사건을 계기로 중앙당 민방위부는 전국적으로 군사훈련 재점검에 들어갔고, 숱한 간부들이 비리, 뇌물, 태만 등의 혐의로 해임되었다. 그 사건의 주인공으로 1945년생인 장해성 씨를 서울에서 만났을 때 나는 감회가 새로웠다.

노동적위대는 말 그대로 노동자, 농민들로 구성된 예비군이다. 붉은청년근위대는 유사시 사회질서 유지가 주목적이라면, 노동적위대는 후방의 공장과 농장을 지키는 역할을 수행한다. 전시에도 후방에서의 지원을 위한 공장 가동과 농업 생산에 주력해야 하는 관계로 군사훈련도 본업의 연장선상에서 이루어진다.

북한 정권의 전면적 주민통제 시스템이 출근 후의 당조직생활과 퇴근 후의 동 인민반생활로 나누어지듯이, 민방위부도 당 조직 밖의 동 인민반 생활에서도 강요된다. 동 인민반 생활에서의 민방위훈련은 크게 전시 대처와 전시 동원으로 구분된다. 전시 대처에는 포격상황을 가상한 대피훈련, 항공 공습에 대응하는 등화관제 훈련이다. 대피훈련은 동 인민반마다 하나씩 구축된 지하방공호에 모이는데 그 사이에도 당 정책이나 정세 강연을 들어야 한다.

등화관제 훈련은 사이렌이 울리면 창문에 불빛이 새어나가지 않도록 두꺼운 천으로 일제히 가리는 훈련이다. 그럴 때에는 인민반장들이 당위원회 민방위부 직원들과 같이 밖에서 불빛이 새어 나오는 집이 있는지 일일이 체크한다. 등화관제 훈련이 일상화되다 보니 북한의 모든 가정집의 창문들에는 커튼은 없어도 등화관제 시설은 반드시 설치되어 있다.

그래서 등화관제와 관련된 여러 가지 일화들이 있다. 대표적인 것이 '간부관제'라는 말의 유래이다. 내가 탈북하던 2004년경까지 평양시에서는 하루에 전기 공급이 4시간밖에 안 되었다. 중앙당 간부들의 밀집지역인 창광거리와 호위사령부촌인 대성구역을 빼고는 평양시 대부분이 어두운 실정이었다. 그 지역들에는 애당초 일반인들이 살 수 없는 곳인지라 전력 특혜라는 비난이 적었다. 그러나 다른 구역 안에 드문드문 배치된 권력기관의 아파트들의 경우에는 달랐다. 지역 순차 공급식이어서 일괄 정전이 뻔히 보이는데도 그 아파트들만은 늘 제외되었다. 시민들의 불만과 조롱이 잇따르자 문제의 아파트들에서는 등화관제 수법을 동원했다. 그래도 새어 나오는 불빛을 감출 수가 없어 그 꼴에 더 화가 난 일부 시민들이 돌을 던지는 사건이 비일비재했다. 그 통에 등화관제는 '간부관제'라는 말이 나오게 됐다. 그 조롱 자체가 당의 민방위 정책에 대한 엄중한 도전으로 간주되어 통제에 나섰지만, 실제 불만 여론 지역에는 보위부나 보안성도 포함되어 흐지부지되고 말았다.

민방위부의 전시 동원은 평상시의 동 인민반 별 군대 물품 지원으로 대체되어 평가된다. 북한 군인들이 쓰는 대부분의 생필품들은 군 공급에 의해서가 아니라 민간 공급으로도 충당된다.

민방위부의 다양한 준 군사화 요소들 중에서 중시하는 부분은 방송 유선체제이다. 집집마다 의무 설치 사항인 유선방송은 평화시기에는 대중 선전선동 수단이지만 유사시에는 전시방송으로 전환된다. 북한의 민방위부 시스템에 대해서는 이미 많이 알려진 사실이어서 구태의연한 설명으로 보일 수도 있다. 그러나 내가 앞에서도 강조했지만 북한 정권의 입장에서는 민방위는 주민 군사화보다 더 큰 의도가 있다. 민방위의 의의를 정확히 표현하면, 당 조직생활의 군사화이다.

## 〖 6 〗
# 김정일은 선군정치를 하지 않았다

내가 북한의 군 시스템에 대하여 정권의 통치방식인 당 조직생활에서 언급하는 이유는 북한군도 주민과 다름없는 당에 예속된 관리집단에 속하기 때문이다. 그런데도 그동안 한국의 북한 연구에서는 북한 군부에 대해 너무 부풀려진 권력 의식을 갖고 있다. 일부 사람들은 김일성은 노동당, 김정일은 군에 의존하는 정권 특징을 갖고 있다면서 노골적으로 김정일 정권을 군사정권이라고 단언하기까지 한다. 그 증거로 김일성 사후 김정일의 최고영도 지위의 출발이 국방위원장이라는 것이다. 실제로 김정일은 김일성 사후 당 총비서의 지위 승계를 미루다가 3년 만인 1997년 10월 당 창건일을 계기로 공식화했다.

그 3년으로 말하면, 김일성의 사망과 대량 아사가 겹친 북한 역사상 최악의 체제위기 상황이었다. 그런데도 당 총비서의 지위가 공백인 상태에서 이념체제가 흔들리지 않았던 것은 이미 그 상징성을 초월한 김정일의 당 조직비서로서의 실권 통치가 있었기 때문이다. 그 권력 자신감이 효도정치의 명분으로 수령 추모 3년 동안 공식적인 후계 승계를 미루도록 했고, 그 사이 북한 정권은 주민들에게 김정일 권력 계승의 윤리적 자격과 정당성을 세뇌시켰다. 그리고 나서 불안 정국 돌파용으로 주체사상에서 선군정치라는 계엄통치의 이념 방향을 제시하고 국가행정의 최고 지위를 군 개념의 국방위원장 직함으로 공식화했던 것이다. 사실 그 직함은 대외적인 수식어일 뿐, 후계 문제와 상관없이 북한의 권력 초점은 오로지 당 조직지도부에 집중돼 있었다.

김정일이 김일성 생전에 넘겨받은 첫 공식 직함은 최고사령관이다. 김정일의 최고사령관 추대가 공식적으로 발표된 것은 1991년 12월 24일에 열린 전국 중대장 대회에서였다. 이 날은 김정일의 생모인 김정숙의 생일이기도 했다.

이념체제인 북한에는 국가적 기념일이 많다. '민족 최대의 명절'이라는 2·16(김정일 생일)과 4·15(김일성 생일)는 물론 4·25 인민군 창립절, 9·9 공화국 창건절, 10·10 당 창건절이 있다. 새 최고사령관 추대를 선포하는 일에 역사적 의미를 부여하자면 2월 16일이나 4월 15일, 4월 25일이 적절했겠지만, 김일성은 굳이 12월로 날짜를 정했고 중대 발표를 위해 전국 중대장 대회를 열었다. 인민군 모범 중대장들을 대거 평양에 불러들인 대규모 대회는 1980년대에 마지막으로 열렸던 조선노동당 제6차 당대회 규모를 능가할 정도로 열광적이었다. 각 병종의 군, 사단 깃발이 미친 듯이 펄럭이고 수천 명의 대회 참가 군인이 수령 만세, 혁명 만세를 불러젖히는 대회장에서 백발의 김일성은 자신이 직접 마이크를 들고 "김정일 동지를 최고사령관으

로 추대한다"고 선언했다. 수많은 대회 참가자나 북한 주민들은 김일
성이 굳이 한 해가 다 끝나가는 12월 말에 급작스럽게 중대 발표를
하는 이유가 무엇인지 궁금해했다. 그 이면에 있었던 일들은 시간이
한참 흐른 뒤에야 조용하고 은밀히 퍼져 나갔다. 당 선전선동부가 언
론과 방송을 앞세워 김정일 최고사령관 추대 소식을 연일 소개하며
온 나라에 명절 분위기를 강요하던 그 축제는 사실상 김정일의 작품
이었다.

이날 대회가 끝난 후 김일성은 자정이 넘은 시각에 금수산의사당
의례국장 전희정과 함께 조용히 대성산 혁명열사릉을 찾았다. 대성
산 혁명열사릉은 항일무장투쟁에서 공을 세운 사람들의 유골이 묻힌
북한 최고의 열사릉으로, 터는 물론 거기에 안장할 사람들까지 김일
성이 직접 선택한 곳이다.

김일성 사후 당 선전선동부는 전국에 배포한 강연 자료에서 김일
성이 1991년 12월 25일 새벽 대성산 혁명열사릉을 찾은 사실을 처음
공개했다. 강연 자료는 "이날 김일성 수령님께서 김정숙 동지의 반신
상을 찾아 김정일 동지께서 드디어 최고사령관으로 추대되었다고 이
야기하시며 자신의 인생 총화를 했다"고 표현했다. 조선의 앞날을 김
정일에게 모두 맡긴 데 대한 기쁨과 긍지를 김정숙과의 추억 속에서
더 진하게 체험했다고 강조하는 내용이었다. 그러나 이는 사실과 다
르다.

그날의 김일성은 어두운 얼굴로 전우들의 반신상을 하나하나 찾

으며 권력으로 이어온 자기의 지난날을 회고했다고 한다. 최현과 김책의 반신상 앞에서는 어린애처럼 울기도 했다고 한다.

사실 김일성은 말년에 간부들 앞에서 김평일(김정일 국방위원장의 이복동생 - 편집자)에 대한 인간적, 사업적 평가를 자주 함으로써 권력층 내부에서 김평일에 대한 관심을 불러일으키려고도 했다. 이 때문에 한때 고령의 항일 투사들 사이에서는 김평일이 다시 등장할 것이라는 억측이 쏟아지기도 했다. 그러나 그 후 김평일에 대한 감시는 더 심해졌고, 김일성 자신도 그 어느 때보다 더 고립되었다.

그러면 김일성이 직접 나서서 김정일의 최고사령관 추대를 발표하지 않으면 안 되게끔 만든 동기는 무엇인가. 1991년 중반, 김정일은 직접 보고서를 하나 들고 금수산 의사당을 찾았다. 문건을 받아 본 김일성은 순간 아연실색했다. 보고서에는 최근 인민군 무력부 내에서 쿠데타를 목적으로 치밀하게 조직화하고 있는 반정부 동향이 담겨 있었다. 김일성을 더욱 놀라게 한 것은 반정부 쿠데타의 조직 구성원이 미국이나 한국이 아니라 친(親) 소련계 인사들이라는 것이었다.

김정일이 처음으로 이들의 움직임을 알게 된 것은 1980년대 말이다. 당시 붕괴 직전에 처한 사회주의 소련에서는 개혁·개방 속도와 함께 소련 국가안보위원회(KGB) 요원들의 정보장사도 활발해졌다. KGB는 이미 1970년대 말부터 대북공작을 본격 진행한 상태였다.

KGB 동아시아 담당 요원은 1,000만 달러를 조건으로 북한에 친소련계 반정부 조직 명단을 넘겨주겠다고 은밀히 제안했다.

1,000만 달러라는 금액에 놀란 북한의 관계자들은 즉시 김정일에게 이를 보고했다. 그러지 않아도 사회주의 초강대국인 소련의 해체 속도가 빨라지는 걸 보며 불안해 하던 김정일은 "국운이 걸린 문제인데 돈이 아깝겠느냐"라며 당장 추진하도록 지시했다. 이후 자료를 받아본 김정일은 물론 인민무력부 보위국 간부들도 KGB의 수완에 경악했다. 문건에는 영원한 우방이나 친구는 있을 수 없다는 KGB의 논리가 그대로 반영되어 있었다.

현대전에 대비하기 위해서는 무기의 현대화와 함께 군 지휘관의 군사 안목도 넓혀야 한다는 판단하에, 북한은 1985년부터 군 지휘관들을 대거 소련 군사대학으로 유학 보냈다. 이를 위해 북한은 장군 양성 기지로 불리던 위르실로프 총참모부 아카데미아(전 인민무력부장 오진우가 유학한 대학)나 연대장 이상 간부 교육·양성 기지인 프룬제 아카데미아를 비롯해 레닌그라드 군의대학, 전지대학, 공군대학(현 공군사령관 오금철이 유학한 대학) 등 20개가 넘는 소련 군사대학과 관련 기관에 거액을 지급했다. 또한 구 동독에도 지휘관들을 유학 보냈는데 1985년부터 1986년까지 내보낸 지휘관 숫자만 해도 무려 700명에 가까웠다.

중국과 소련 사이에서 줄타기를 계속해온 평양 내부에서 친소련계 급진세력이 득세하기를 원했던 소련으로서는 북한이 이렇듯 현직 군 지휘관들을 대대적으로 유학시키는 상황이 유일무이한 기회가 아닐 수 없었다. KGB는 군사대학의 2년, 혹은 3년 재학기간을 포섭기간으로 정하고 출세 경력과 군사적 자질을 갖춘 북한 유학생들을 상대로 금품 매수와 미인계, 협박 등 온갖 수법을 동원하여 친소련 비밀조직을 만드는 데 성공했다. 동아시아 담당요원이 거액을 요구하며 북한과 흥정한 문건이란 바로 이들의 명단이었다.

문건을 전달받은 김정일은 인민무력부 보위국장이던 중장 원응희에게 전후 과정을 상세히 기록한 보고서를 작성하라고 지시하면서, 비단 대(對) 소련 정책만이 아닌 평화주의에 길들여진 군 조직 전반의 침체로 부풀렸다는 점을 강조하도록 했다.


사실 당 군사부도 당 조직부에 구속되어 있는 종적(縱的) 관계인지라 군사 부문에 대한 책임은 김일성보다 김정일에게 더 컸다. KGB 문건을 보고받기 전날까지 절대적인 친소 정책을 추진해온 것도 다름 아닌 김정일이었다.

그 실례로 북한에 주둔 중이던 소련군의 라모나 기지를 들 수 있다. 냉전 시기 소련은 미국의 포위 구상에 맞서는 동아시아 전략의 일환으로 북한에 소련 군사위성 통신 결속소(단말기)를 세우는 방안을 제기했다. 1960년대 북한에서 소련군이 완전히 철수한 상황이어서, 김일성은 크든 작든 또 다른 형태의 주둔을 반대했고, 더구나 소련이 기지 후보 지역으로 평양시 형제산 구역을 정한 데 대해 냉담했다. 그러나 이 방안은 김정일이 완강하게 주장하는 바람에 결국

수락되고 말았다.

군사 암호로 '208조'로 불린 소련 위성통신 결속소(단말기 부대)가 주둔한 이후에도 김정일의 친소 사대주의는 계속되었다. '208조' 단장이던 백러시아 군관구 부사령관 웨리드좌노프 중장을 위해 평양시 중심 구역에 호화주택도 짓게 했다. 지금은 민주조선사 주필인 김정숙(김일성의 친척으로 허담 전 대남비서의 부인)이 거주하고 있는 4·25 문화회관 뒤의 개인주택이 바로 그 집이다. 또한 라모나 기지 성원들을 위해 평양시 중구역 고려호텔 뒤 영광동 번화가에 20층짜리 초호화 아파트를 세우기도 하였다(지금은 인민군 총정치국, 총참모부 장령 아파트로 바뀌었다).

1989년 소련이 재정적 어려움에 처하여 라모나 기지를 철수할 때에는 미림대학(군사대학으로 지금은 김일대학으로 불리고 있음)에 나와 있던 40여 명의 소련 군사대학 교수들도 함께 목란관에 초청하여 북한 유명 여배우들까지 동원한 최상급 연회를 베풀도록 지시한 사람도 다름 아닌 김정일이었다. 그간 군 공개 직함만 갖지 않았을 뿐, 군사 분야의 친소련 정책에 책임질 사람은 당연히 김정일이었다.

그러나 김정일은 인민무력부 보위국 국장 원응희가 준비한 보고서를 들고 금수산 의사당을 찾아가서 김일성에게 1991년 8월 18일 소련의 비상사태와 그로 인한 냉전구도 해체를 새삼 열거하면서, 새로운 도전에 대응하기 위한 군부의 재정립 필요성을 주장했다. 김일성 최고사령관이 아닌 김정일 최고사령관 시대의 필요성을 거의 반 강제적으로 역설한 것이다. 1991년 12월 24일 김일성이 발표한 김정일의 최고사령관 추대 선언은 이렇듯 소련 KGB의 작전을 역이용한 김정일의 정치적 압박에 의해 앞당겨진 결과물이었다.

최고사령관에 추대된 김정일은 이듬해부터 본격적으로 군부 내의 쿠데타 조직 척결 작업을 시작한다. 사실상 최고사령관으로서 가장 먼저 벌인 일이라 해도 과언이 아닌 이 사건을 가리켜 흔히 '프룬제 아카데미아 사건'이라고 한다.

당시 인민무력부장은 오진우였다. 오진우는 고령의 명예직을 지키는 방식으로 심술과 엄살을 적절히 배합할 줄 알았다. 오진우의 권한은 전시체제를 유지하는 북한의 인민무력부장으로서 군만이 아닌 당, 정무원도 칼질할 만큼 막강했다.

매년 상반기, 하반기로 나누어 국방위원회 명령으로 진행되는 인민무력부 군수생산 총회는 전국의 도·시·군당 책임비서들은 물론 제2경제 산하 연합기업소 책임자들도 다 참가하는 회의였다. 주석단에서 회의를 진행하던 오진우는 군수생산 계획 미달자들이나 혹은 자기 맘에 들지 않는 사람은 그 자리에서 해임했다. 그리고 나서 김정일에게 이러이러해서 목을 잘랐다고 전화 통보만 하는 정도로 김일성과 김정일 사이의 권력 대립 공백을 최대한 활용했다.

특히 오진우는 "무력을 쥔 군부 장령급에 대한 인사는 혈통의 순수성을 보장해야 한다"면서 만경대 혁명열사 유자녀 학원 출신을 많이 선발했는데, 그들 대부분은 항일투사나 김일성과 연고가 있는 가문의 자녀들이었다. 1990년대 초반까지 인민무력부는 김정일의 당 권한에 밀린 김일성 동지들과 그 자녀들이 대부분 거주하고 출세하는 안식처였다. 그럴 수밖에 없는 이유가, 그때까지만 해도 대외관계의 직종들은 북한 정권의 폐쇄적인 주체 관점에서 봤을 때 승진 환경으로서는 부적합했기 때문이다.

　'프룬제 아카데미아 사건'은 김일성의 동지들과 그 자녀들의 마지막 권력 안식처를 뿌리째 뽑아버렸다. 우선 김정일은 인민무력부 보위국장 원응희 중장에게 그가 누구라도 소련 간첩으로 의심되는 자는 용서 없이 색출, 처형하라고 지시했다. 이에 따라 인민무력부 보위국 요원들은 '반항하거나 도주하면 현장에서 사살한다'는 행동지침을 내걸고 대대적인 체포 작업에 들어갔다.

　1992년 중반 우선 군 고위급 인물 수십 명이 긴급 체포되었다. 4군단 참모장으로 있다가 위르쉴로프 총참모부 아카데미아 2년제 과정을 마치고 인민무력부 부총참모장으로 승진한 상장 홍계성, 김일성의 외가 친척인 평양시당 책임비서 강현수의 아들인 인민무력부 작전국 교도지도국(게릴라 부대) 담당 부국장 강운용, 소련 주재 북한 대사관 무관으로 근무하다가 인민무력부 대외사업국 국장으로 일하던 김학산 등이었다.

　이후 조사는 총정치국, 총참모부는 물론 각 군단 사령부와 사단, 여단에서 지휘군관으로 근무하던 소련 군사대학 유학생으로 뻗어나갔다. 국방분야 연구소의 수재급 인재들이나 장산병원(고급군관병원), 어은병원(장령병원), 김형직 군의대학, 조선인민군 11호 병원 등의 고급 군의관들도 폭풍을 피할 수 없었다. 이들에 대한 무차별적인 숙청으로 인민무력부 전반이 심대한 인적 손실을 입어 지휘체계가 거의 마비될 정도였다.

KGB가 실제로 포섭한 사람은 몇 사람에 불과했으며, 그들에게도 당장 북한 정권을 뒤집겠다는 의도가 있었던 것은 아니었다. KGB의 미인계에 걸려 어쩔 수 없이 서약서에 지장을 찍은 사람도 있었고, 비록 서약서에 서명은 했지만 민족의식을 가지고 양심을 지키겠다는 의지로 당에 더욱 충성한 사람들도 있었다. 그러나 무력부 보위국은 KGB에 서약을 했건 안 했건 단지 소련 및 동독 군사대학 유학생이라는 이유로 700명에 가까운 인원을 체포하여 매우 혹독하게 심문하고 고문했다.

다만 이 군사대학 유학생 소탕 작전에서 현 공군사령관 오금철을 비롯한 공군 군인은 제외됐다. 이유는 간단했다. 현 국방위원회 제1부위원장이며 조선인민군 총정치국장인 조명록도 공군사령부 사령관을 지낸 경력이 있고, 조사를 책임진 보위국장 원응희도 공군사령부 정치위원을 지냈기 때문이다.

무력부 보위국은 "공군 비행사 한 명을 키우는 데 들어가는 국고를 감안해 용서한다"는 식으로 자체 사상검열 정도로만 끝내고 그들을 청산 대상에서 제외했다.

피해는 이것으로 그치지 않았다. 무력부 보위국에 뒤질까 염려한 국가보위부는 KGB가 군사대학 유학생들만을 상대로 공작하지 않았을 것이라는 추측하에 사건을 사회 전반으로 확대해 나갔다. 군사대학이 아닌 일반대학 유학생들도 경쟁적으로 잡아들이기 시작했다. 정치·경제·군사·과학·문화·체육계의 수많은 인재가 무력부 보위국과 국가보위부의 고문 대상이 되었으며 혁명의 준엄한 심판 대상이 되었다.

이 때문에 북한의 지식인들은 1992년을 중국식 문화대혁명이 시작된 '악몽의 해'라고 평하곤 했다. 김정일은 그렇듯 '프룬제 아카데미아 사건'으로 북한군의 장성들을 대거 교체한 뒤, 그해 12월 김일성으로부터 최고사령관이라는 공식 지위를 승계받게 된다. 당시 군부 내에서는 "하사관 복무경력도 없는 사람이 최고사령관이 되더니 아군 장군들을 잡는 장군이 됐다"는 냉소적인 이야기가 조용히 오갔다.

'프룬제 아카데미아 사건'은 북한이 사회주의 종주국에서조차 지지와 동정을 받지 못한 국제 고아 신세임을 폭로하는 계기가 되었다. 북한 주민들에게 입을 것 먹을 것 하나 제대로 주지 못하는 형편에서 수령 신격화까지 허물어지는 것을 김정일은 가장 두려워했다.

그리하여 김정일은 무력부 보위국에 "이제 소련 간첩은 그만 잡고 남조선 간첩들을 빨리 색출하라"고 했다. 무력부 보위국은 새로운 일감에 기세가 충천했지만 고민 또한 적지 않았다. 수천 명을 조사, 처리한 사건보다 사회에 더 큰 충격을 주자면 과연 얼마나 더 잡아들여야 한단 말인가. 설사 고위직 인물 수십 명을 가둔다고 해도 프룬제 아카데미아 충격 속에 묻힐 건 뻔했으므로, 이는 결코 숫자로 해결할 수 있는 문제가 아니었다.

따라서 무력부 보위국은 북한의 모든 주민이 아는 상징적인 인물을 택하기로 했다. 그렇게 조작된 것이 바로 4·25영화문학창작사(인민무력부 산하 창작사) 작가 리진우 대좌 간첩사건이다.

리진우는 북한의 갓난아이도 다 안다는 영화 〈이름 없는 영웅들〉의 시나리오를 쓴 작가다. 6·25전쟁 시기 남한에 파견된 북한 공작원의 영웅담을 담은 이 영화는 21부작이라는 엄청난 규모를 자랑하는 전쟁물이다. 리진우는 이 영화를 창작한 후 '김일성상 계관 작가'가 되었으며, 그 후에도 소련의 조르게를 능가한다고 북한이 자평하는 성시백(6·25전쟁 전 남한에 침투해 남침에 유리한 정보를 제공한 인물로 북한 최고의 공작원으로 신격화되고 있음)을 주인공으로 하는 〈붉은 단풍잎〉 등 수많은 유명 영화를 창작했다.

6·25전쟁 당시 의용군으로 월북한 리진우는 친척들이 대부분 남한에 있었다. 스파이 영화만 만드는 전문 작가로서 무력부 기밀실에 자주 출입했기 때문에 무력부 보위국이 안기부 간첩으로 지목하기에 가장 적합한 대상이었던 것이다. 무력부 보위국은 리진우가 무력부 기밀실에서 복사한 자료를 남한에 있는 누이동생에게 빼돌리려 했다면서 그를 체포하기 바쁘게 재판도 없이 사형에 처했다.

민심은 또다시 하루아침에 안기부 간첩 이야기로 소란스러워졌다. 노태우 정부가 고르바초프에게 30억 달러의 차관을 주었다는 소문이 더해지면서 '프룬제 아카데미아 사건' 역시 '소련의 KGB가 안기부로부터 돈을 받아먹고 공화국을 말살하려고 했다'는 식으로 기정사실화되었다. 마침 그것을 증명하기라도 하듯, 1995년경 북한 북부지역에서는 '안기부의 지령으로 군사 쿠데타를 음모했다'는 이른바 '6군단 사건'이라는 것이 또 터져 나왔다.

　북한 주민들 사이에서 '6군단 사건'은 김영삼 정부가 북한 내에서 무력 반란을 일으키기 위해 안기부가 공작한 사건으로 알려져 있다. 무력부 보위국 소속의 한 여성 비밀공작원이 제보해서 본격적인 수사가 시작됐다는 이 사건을 두고 갖가지 소문이 엄청난 기세로 퍼졌다. "6군단 포들이 금수산기념궁전과 평양에 일제히 사격을 하기로 했다더라." "6군단 반란세력이 중국 국경을 열어주면 합세하기 위해 남한 군인 5만 명이 옌볜 지역에서 노동자로 위장하고 콩 농사를 짓고 있다더라"하는 식이었다.

　그러나 6군단 사건은 정치적 음모가 아니라 일부 부대 지휘관들의 단순한 비리 사건에 불과했다. 이 무렵은 북한의 국가 유일 경제관리 시스템이 붕괴되면서 군부에 대한 정부의 지원과 공급도 제대로 이뤄지지 못하던 때였다. 군부대에서는 영양실조 환자와 탈영병이 속출했고, 상하 관계, 군민 관계가 심각하게 훼손되는 등 사회문제로까지 번졌다. 군대 고유의 명령체계와 복종체계가 마비될 만큼 말 그대로 폭발 직전이었다.

　김정일은 어쩔 수 없이 각급 군부대에 자체 외화벌이를 허락했다. 군부대 자체에서 살림살이를 알아서 하라는 김정일의 지시가 떨어지자 1994년 말부터 사회주의 방식으로는 도저히 살아갈 수 없었던 모든 군단과 사단, 여단에서까지 온갖 명칭의 외화벌이 회사와 기지가 생겨났다. 그 통에 달러 맛을 알게 된 군부대 지휘관들은 순식간에 부정부패와 타락으로 빠져들었다.

　6군단 사건은 군 총참모장을 했던 김영춘이 군단 사령관으로 임명되어 내려갔던 시기에 일어났다. 무력부 작전국장으로 일하다가 과오를 범하고 지방 여단 부여단장으로 내려갔다가, 그 후 군수동원 총국장을 거쳐 6군단 사령관으로 임명된 것이었다. 김영춘이 막상 군단에 부임하고 보니 사령부 정치위원을 비롯한 부대 지휘관들은 이미 귀족이 되어 있었다. 그들은 '미 제국주의라면 달러까지 증오하는' 김영춘을 자기들과 도저히 같이 어울릴 수 없는 존재로 낙인찍고 고립시키기 시작했다.

　6군단 산하 외화벌이 회사는 북중 국경 인접 부대의 장점을 살려 다른 군부대에 비해 많은 달러를 벌어들였다. 하지만 사령관인 김영춘에게만은 단 1달러의 권한도 없었다. 김영춘은 부대 지휘능력을 상실한 허수아비에 불과했다. 이미 정치위원과 보위부장, 조직부장이 한 패가 되어 있었기 때문이다. 이 같은 사태는 비단 6군단뿐만이 아니었다. 김정일의 신임으로 지휘관의 지위와 권위가 보장되던 것은 옛이야기일 뿐, 곳곳의 부대 내에서 달러가 부대를 지휘 관리하는 비정상적인 사태가 빚어졌다. 이를 바로잡지 못하면 달러를 통해 제국주의 사상이 들어오고 나중엔 정권까지 공격할 것이라는 두려움이 항상 김정일을 괴롭혔다.

결국 김정일은 '국고가 거덜나더라도 군은 반드시 정부 지원으로 장악해야 한다'는 결론하에 인민무력부 10만 축소 계획을 발표하는 한편, 무력부 보위국장 원응희에게 무력부 내의 황색 숙청 차원에서 미국과 남조선 돈에 매수된 간첩들을 적발하라고 지시했다. 원응희는 때마침 김영춘 6군단 사령관이 부대 관리를 전혀 할 수 없다며 상부에 고발한 내용을 토대로 이른바 '6군단 쿠데타 사건'을 조작하게 되었다.

이 사건으로 수많은 군인이 안기부 간첩으로 몰려 처형되었고, 김정일은 그 사회적 파장을 극대화하기 위해 6군단을 통째로 남부 지역으로 이전시켰다. 또한 이 '6군단 사건'을 계기로 전국의 모든 부대에 대해 지휘관 사상검열을 단행하고 군부대 자체 살림살이나 자급자족 명목으로 진행되던 외화벌이도 중단시켰다.

이후 북한군의 외화벌이는 군단사령부나 군종별 사령부에서도 완전히 폐지되었다. 대신 중앙집권 관리 형태로 총정치국 54부, 총참모부 53부, 인민무력부 내 후방총국을 비롯하여 국(局)마다 하나씩 외화벌이 회사를 두는 형식으로 바뀌었다. 또한 정권 주도의 군 지원 차원에서 인민경제 필수 생산단위와 금광, 광산, 어장 등 굵직한 외화벌이 기지는 모두 무력부로 넘겨졌다.

1990년대 중반까지만 해도 북한에서 가장 무서웠던 권력기관은 울던 아이도 울음을 멈추게 한다는 국가보위부였다. 정치범 수용소를 운영하며 다른 나라에서는 찾아볼 수 없는 연좌제 권한을 휘두른 국가보위부는 김정일 유일체계를 확립하는 철권 도구로 장수해 왔다.

그러나 무력부 보위국이 김정일 의도대로 6군단 사건까지 종결지은 1995년부터는 기관 간의 위상에 변화가 생겨났다. 이후 보위국이 보위사령부로 승격되어 최고 권력기관의 자리를 빼앗았다. 보위사령부는 인민무력부 산하에서 일약 국방위원회 직속기관으로 부상했으며, 보위국장이던 원응희는 상장 단계를 거치지 않고 중장에서 곧장 대장으로 급승진하여 보위사령관이 되었다.

보위사령관 원응희는 원래 중국 출신의 김남선이 보위국장으로 재직할 때 공군사령부 정치위원으로 재직하고 있었다. 대상을 한 번 정하면 죽을 때까지 혼신의 힘을 다해 달려드는 하이에나 같은 그를 김정일은 김일성 사후 자신의 권력 강화 과정에서 맹견으로 활용했다.

원응희는 '프룬제 아카데미아 사건', '6군단 사건'으로 구속된 장령들에 대한 예심 과정에서 나온 이름을 토대로 군의 블랙리스트를 직접 작성한 공로자이다. 군부 내 어느 국보다 피해가 더 심했던 것은 교도지도국이었다.

'프룬제 아카데미아 사건'으로 구속된 인민무력부 작전국 교도지도국 담당 부국장 강운용은 김일성의 외가 친척인데다 술을 좋아하고 인심도 후해 주변에 친구가 많았다. 강운용의 친구들은 대부분 1·21

청와대습격 사건을 비롯해 남한 침투 경험이 있는 전투영웅들로서 모두 정찰국이나 경보지도국, 교도지도국 같은 게릴라 부대의 지휘관들이었다.

무력부 보위사령부는 이들의 단순한 체제비난 발언을 문제 삼아 '이전에 남파됐을 때 중앙정보부에 체포되어 이미 전향하고 위장 침투한 자들'이라는 혐의를 덮어씌웠다. 단번에 장령 60명이 체포됐다. 김정일은 군부 내 기강을 바로 세워야 한다며 그들에 대한 사형도 군대식으로 집행하라고 명령하였다. 그리하여 총정치국, 총참모부 장령들 앞에서 교도지도국 장교, 장령 60명을 모아놓고 미림 비행장에서 일괄 처형했다.

또한 무력부 보위사령부는 총정치국, 총참모부와 군단사령부 장군들을 한꺼번에 물갈이하기 위해 전 인민군 총정치국 부국장 리봉원을 안기부 간첩 혐의로 1996년 체포했다. 리봉원이 김정일의 눈 밖에 난 것은 작전국장 김명국에 대한 평가보고서를 잘못 올린 사건 때문이었다. 작전국장 김명국은 군부 내에 김정일 유일지도체계를 확립하기 위해 '정일봉상 쟁취운동'을 발기한 인물이다. '정일봉상 쟁취운동'이란 군부 내 김정일주의 확립의 일환으로 마련된 일종의 정치평가상이었다. 이 일로 김명국은 김정일에게 특별한 신임을 얻었다.

그런데 리봉원은 김정일의 핵심 측근인 김명국이 부정을 저지른 사실을 기록한 자료를 묶어 원칙적인 입장에서 김정일에게 보고했

다. 보고를 받은 김정일은 오히려 리봉원을 격렬하게 질책했다. 이에
기겁한 리봉원은 그 자리에서 기절했고, 병 치료 후 한 달 만에 끝내
군복을 벗었다. 무력부 보위사령부는 집에서 쉬던 리봉원을 간첩으
로 몰아 처형하고 군부 내 인사행정을 총괄했던 총정치국 조직부국
장 앞잡이들을 청산한다며 많은 사람들을 체포했다.

김정일이 인민무력부 내의 한 부서에 불과하던 보위국을 보위사
령부로, 국방위원회의 직속기관으로 만든 데에는 또 한 가지 이유가
있었다. 경제난으로 고조되던 북한 주민의 불만을 전시체제로 통제
하려면 군 사법기관의 통치가 필요했던 것이다. 김정일은 '온 나라의
선군(先軍) 정치화'를 명목으로 무력부 보위사령부의 권한을 사회 전
반으로 넓혔다. 군은 무력부 보위국이 맡고, 민간인은 국가보위부가
담당하던 이전의 분담 구조를 허물고 계엄식 공포를 극대화하기 위
한 것이었다.

무력부 보위사령부의 존재는 1998년 황해제철소 농성 진압에서
그 첫선을 보였다. 보위사령부는 먹을 것을 요구하던 제철소 노동자
들을 탱크를 동원하여 사정없이 진압해 버렸다. 그리고 이들을 '북한
의 공업화를 허물기 위해 파괴 목적으로 설비 및 강철을 사들인 안기
부의 고용간첩'이라고 발표했다. 생존을 위해 고철을 팔았던 노동자
다수가 처단되었다.

이뿐이 아니었다. 무력부 보위사령부는 절대 권한을 부여받자마
자 그동안 국가보위부로부터 열등한 취급을 당했던 분풀이라도 하려

는 듯 국가보위부 감찰을 시작했다. 간부 부장을 뇌물혐의로 체포하고, 국가보위부 간부들에 대한 협박과 감시를 노골적으로 한 결과 2명의 부부장이 자살하는 사건이 발생했다. 자살을 반역으로 취급하는 북한에서 조직을 지휘하는 위치에 있던 사람들이 스스로 목숨을 끊자 국가보위부의 권능은 더욱 위축될 수밖에 없었다.

무력부 보위사령부의 권력은 김정일의 경호를 맡게 되었다는 점에서도 절대적이었다. 1994년 김일성 사망 후 그 동안의 김일성-김정일 권력 갈등을 반영하듯 김일성의 경호원이 김정일에 대한 암살을 시도했던 사건이 벌어졌다. 가뜩이나 1호(김일성 경호총국은 1호총국, 김정일 경호총국은 2호총국으로 분류) 호위총국 출신들이 대거 포진해 있다는 이유로 호위사령부를 믿지 않았던 김정일은 선군정치 선언과 함께 자기 경호를 보위사령부에 맡겼다. 국방위원장은 마땅히 군이 경호해야 한다는 새로운 원칙을 제시하여 무력부 보위사령부에 경호담당 10처를 신설했다. 전 사회적인 감시통제 및 처벌 권한과 국가지도자 경호권까지 갖고 있는 무력부 보위사령부는 그 이름만으로도 북한 주민을 전율시키기에 충분했다. 김정일의 선군정치의 요체가 곧 무력부 보위사령부였다.

그러나 북한에서는 김정일 독재 외에 그 어떤 개인이나 조직도 절대권한을 장기적으로 가질 수 없다. 총정치국에 소속되어 있는 동안 박해를 받았던 보위사령부 사람들이 김정일이 준 권력을 이용해서 앙숙관계의 사람들에게 누명을 씌웠다는 호소와 울분이 군부 내에서 터져 나왔다. 그러지 않아도 보위사령부의 지나친 권력 부상과 남용을 우려한 김정일은 군부를 완전히 정리했다고 판단하고 보위사령부 내의 경호담당 10처를 국방위원회 직속 행사총국으로 분리하고 보위사령부를 다시 총정치국에 예속시켰다.

보위사령관 원응희도 '동희 사건'으로 불운한 생을 마감한다. '동희 사건'이란 북한의 이름 있는 영화배우 리월숙의 남편이 평양시 만경대 구역안전부에 의해 처형된 사건이다. 보위사령부를 끼고 외화벌이를 해서 상당한 돈을 벌어들인 동희는 예심 과정에 보위사령관 원응희에게 10만 달러를 주었다고 발설했다.

당황한 만경대 구역안전부는 이 사실을 원응희에게 전달했고, 결국 입을 잘못 놀린 동희는 군중 앞에서 '황색숙청'이란 명목으로 공개처형을 당했다. 훗날 이 자료를 받아본 김정일은 달러 맛을 안 원응희를 그대로 제 옆에 두지 않았다. 원응희는 2003년 보위국장에서 해임되었고, 이듬해 간암 진단을 받고는 급사한다. 그의 사망으로 보위사령부의 절대 권력도 서서히 저물어갔다.

현재 무력부 보위국을 포함한 북한군은 당 조직지도부의 철저한 지도와 구속을 받는다. 그 대표자가 누구인지만 보아도 그 성격을 알 수가 있다. 정상적인 군부 조직이라면 전시 지휘권을 가진 인민무력부장이 군의 상징적 인물로 되어야 한다. 김일성이 생존해 있을 때까지만 해도 북한군은 외형적으로나마 인민무력부장이 군의 대표자이고, 그 밑의 양대 권력으로 인민무력부 총참모장과 인민무력부 총정치국장이 있었다.

그러나 김정일의 군 장악이 현실화된 1976년부터 독립성을 상실한 북한 군부는 1980년에는 아예 내부적으로 총정치국을 통한 당 조직지도부의 지배하에 놓이게 되었다. 그런데도 김일성이 생존해 있는 동안에는 인민무력부장 중심 체제가 유지될 수 있었는데, 그 이유는 오진우와 김정일의 개인적인 친분이 존중되었기 때문이다.

그러나 오진우가 사망한 1995년부터 북한 군부는 외형적 형식의 군사제일주의마저 포기하고 총정치국장이 군 대표자로 나서는 당 수직 체제로 탈바꿈되었다. 그 선언적 출발이 북한군의 명칭 변경이다. 오진우 때에는 북한군의 명칭이 '인민무력부'였다. 하지만 김일성에 이어 오진우까지도 사망한 1995년부터는 북한군은 '조선인민군'으로 등장하게 된다.

'인민군' 앞에 국호인 '조선'을 추가하고 부서 개념의 '무력부'가

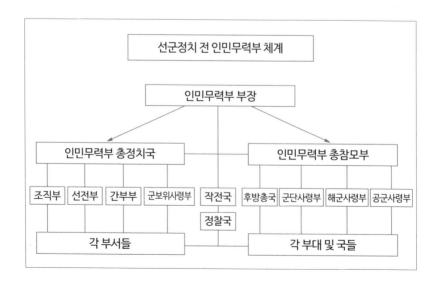

아닌 독립적 지위의 '조선인민군'으로 존재감을 극대화하였다. 이는 김일성의 주석 체계를 김정일의 국방위원회 체계로 바꾸면서 선군정치 시대에 맞는 새로운 북한군의 지위 격상에 따른 것이다. 비록 확대 개념의 북한군이었지만 그 정체성을 당의 군대로 규정하는 차원에서 조선인민군 총정치국장이 지휘하는 체계의 군사조직으로 공식화하였다. 그 바람에 과거에는 최상위 지위였던 인민무력부 부장이 조선인민군 산하 부서장으로 추락하면서 군 수뇌 최하위 서열로 밀려났다.

조선인민군 총정치국을 정점으로 그 밑에 총참모부가 전시 행정, 인민무력부가 후방 행정 부서로 들어가게 되었다. 총참모부는 북한군의 모든 전투 능력이 집결되고, 인민무력부는 그 전시 무력을 지원하는 철도국, 피복국, 도로국, 연유국, 군의국, 후방총국, 문화예술부 등과 같은 병참기지 역할에만 국한되어 있다.

당의 실제적 영도를 전제로 북한군에 대한 상징적인 최고권력기구가 평화 상황에서의 국방위원회, 전시 상황에서의 최고사령부로 되는 것이다. 이렇듯 북한군의 구조가 군 논리가 아닌 당 이념 우선 논리로 편성되어 있는 원인은 안보의 핵심이 국가와 인민이 아닌 수령과 당이기 때문이다.

한마디로 국가의 군대가 아니라 수령의 군대이다. 외부 세계가 군사주의 이념으로 잘못 착각하고 있는 선군정치 자체부터 군사 선행, 군 중시에 앞서 당의 주체사상에 뿌리를 두고 있는 것이다. 북한은 "선군정치는 민족 주체위업 완성을 위해 사상에서의 주체, 정치에서의 자주, 경제에서의 자립, 국방에서의 자위를 비롯하여 주체사상이 요구하는 모든 문제들을 포괄적으로 반영하고 있으며, 그것들을 오늘의 시대 조건에 걸맞게 훌륭히 실현해 나갈 수 있게 하는 가장 우월하고 위력한 정치방식이다."라고 규정한다.

주체적 출발의 선군 사상도 당 이념이고, 그 행위의 선군 정치도 당 정책 소관이다. 그 명령 질서가 바로 북한군의 당 조직생활이다. 일각에서는 북한군의 쿠데타 가능성을 자주 언급하는데 이는 북한군의 본질을 잘 몰라서 하는 말이다. 북한군은 군사 정치 집단이다. 단순히 부대장, 정치위원이 상호 견제하며 소대, 중대, 대대 단위로 상향 발전하는 부대 단위의 독립적인 군사 조직이 아니다. 군인들은 별을 달기 전에 입당부터 해야 하고, 승진하기 전에 충성 검증부터 받아야 하는 당 지배 시스템이기 때문에 정치 질서가 군사 질서를 초월한다.

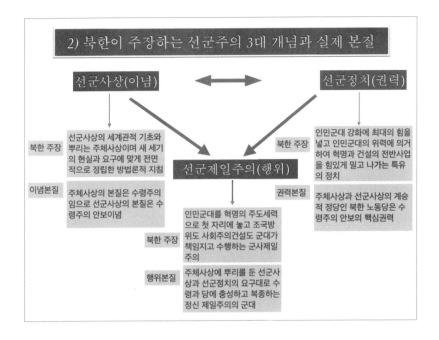

소대, 중대, 대대, 사단, 여단, 군단 단위로 세포당, 부문당, 초급당 위원회가 작동하고, 그 모든 초급당이 기관당인 인민군 당위원회로 모여서 당 조직지도부에 구속된다. 각 부대의 지휘권은 총참모부에 집중되어 당 군사부로 가지만, 장령에 대한 인사권이나 해임권은 당 조직지도부 13과가 갖고 있으므로 위로 올라갈수록 군사 지휘권이 정치 지휘권에 밀릴 수밖에 없다. 심지어 군사훈련에서도 우선적으로 양질을 평가하는 항목이 사상 훈련인 당 조직생활이다. 그래서 북한군도 민간 당 조직과 똑같이 토요일을 '정치날'로 지정하고 있다.

나도 북한에서 북한군의 당 조직생활을 조금 체험할 기회가 있었다. 내가 군복을 입게 된 경위는 아주 특이했다. 2002년 김정일은 총정치국으로부터 한 가정 한 자녀 추세로 군 입대 인력이 상당히 부족하다는 보고를 받게 되었다. 특히 김정일을 더욱 화나게 한 것은 고위층 자제들 대부분이 군복무를 하지 않고 외화벌이 회사들에 배치받아 출신 성분을 고려한 군 간부 핵심 양성에 심각한 공백이 있다는 내용이었다.

김정일은 "나는 선군정치를 하는데 간부들은 외화정치만 한다"며 노발대발했다. 그리고 2002년 4월 최고사령부의 명령으로 전민 의무병역제를 하달했다. 그 명령서의 특별조항으로 군 복무 경력이 없는 자는 대학입시 자격은 물론 현직 간부도 승진에서 배제하도록 했다. 특권층 자녀들이 대를 이어 지향하는 외화벌이 회사에의 취직도, 외국 출장도 못 나가도록 했다.

2003년은 간부들과 그 자녀들에게는 수난의 해였다. 중앙당을 비롯하여 지방의 각 도, 시, 군 당에서까지 간부들이 현직을 비워두고 군 입대를 해야만 했다. 외화벌이 회사에 근무하며 수입 수출 주도권으로 해외출장이 잦던 특권층 자녀들의 여권 발부도 중단되었다. 사실 그 외화벌이 회사들의 혼란을 막기 위해 당 조직지도부는 의무병역제의 특례조항을 만들었다. 장기간의 현직 공백을 고려하여 직장주변 가까운 군부대에서의 출퇴근 3년 군복무를 인정해 준다는 것이었다.

2002년 6월부터 각 기관의 상급 당위원회에서는 산하 현직 간부들의 군복무 경력 여부를 조사하고 본인의 신청, 혹은 업무 혼란을 최소화하도록 순차적으로 입대하도록 했다.

통일전선부 당위원회에서는 김정일 '접견자' 신분인 나에게 군 입대를 적극 추천했다. 총정치국 간부국과 협의하여 내 적성에 맞춰 해군사령부 협주단 작가(중위 계급)로 배치되었다. 그때 내가 엿본 북한 군의 당 조직생활은 사회와 별 차이가 없었다. 생활총화, 당 학습, 당 강연, 김일성-김정일 교시말씀 학습 등 군 관련 내용이 더 확대 강조되었을 뿐이다. 민간 당 조직과 조금 다르다면 '정치날'이 조금 유동적이라는 것이었다. 군 특성상 부대이동이나 돌발적인 군사훈련이 제기되었을 경우에는 그에 대비하여 '정치날'을 앞당기거나 미룰 수 있을 뿐, 1주에 1회 원칙은 반드시 지켜졌다. 당 선전선동부처럼 군 선전선동 조직도 2일에 한 번씩 생활총화를 했고, 매주 첫날인 월요일마다 선서를 했다.

해군사령부 협주단 당위원회는 나에게 매우 관대했다. 어차피 떠날 사람인데다 통일전선부의 월 공급으로 받는 남한 물건들을 뇌물로 준 덕택이었다. 군복을 입었지만 기존의 현직이 계속 유지되는 상황이었기 때문에, 하루는 해군사령부 협주단에 출석하고 다음날에는 통일전선부 사무실에 출근했다.

그러던 어느 날 해군사령부 당위원회 조직부장의 호출을 받게 되었다. 최고사령관의 명령 집행을 감시하는 차원에서 총정치국, 군 검찰국, 보위사령부 합동 검열단이 간부들의 군복무 정황을 2차로 요해(파악) 조사한다는 것이었다. 그때로 말하면 이미 1차 조사에서 많은 간부들이 해임되어 분위기가 아주 살벌한 때였다. 어떤 간부는 군부대에 허위로 이름만 등록하고 집에서 쉬다가 적발되었고, 또는 자기 권한을 이용하여 군부대에 달마다 돼지 몇 마리를 공급해 주는 대신 군부대 생활을 전혀 하지 않는 경우도 있었다.

그중에서도 외화벌이 회사에 근무하는 북한 특권층들의 비리가 더 심했다. 군 간부들에게 외화를 찔러주고 군 복무 기간을 조작하기도 했다. 임시 입대자들의 편의와 불법성을 눈 감아 주던 군 간부들도 상당수 해임되었다. 현직 간부들의 의무 병역제도가 오히려 군기를 침해한다는 심각한 문제가 제기되었다. 해군사령부 당위원회 조직부장과의 면담을 계기로 나는 그와 가까이 지낼 수 있었다.

그 과정에서도 알게 되었지만, 북한의 군 당 조직생활은 민간 당 조직처럼 부대 당위원회 안에서 정치위원과 조직부장이 부대 내부 동향과 관리를 놓고 서로 경쟁하는 방식이었다. 그런데 그들의 계급은 부대장인 해군사령관보다 낮았다. 당시 김윤심 사령관은 상장이고, 정치위원은 중장이었다. 조직부장은 장령급 대좌였다. '장령급 대좌'란 계급은 대좌이지만 지위나 우대에 있어서 장령과 동등하다는 것을 의미한다. 조직부, 선전부 간부들에게만 적용되는 차별적 우대 정책이다. 그 두 부서가 타 부서들의 당 조직생활 지도권을 갖고 있는 상위부서이기 때문이다. 그래서 추궁 문제가 제기됐을 때에는 그 어떤 장령도 조직부 대좌 앞에 불려가서 고개를 숙이고 자아비판을 해야 한다. 김정일 외의 또 다른 2인자를 만들지 않기 위해 대외적 권력을 견제하는 내부적 권력의 작동원리인 것이다.

정치위원과 조직부장이 대내외적 실권을 나누어 갖는 당(黨)-당(黨) 시스템은 군 상위 조직인 총정치국으로 올라갈수록 더욱 강력해진다. 총정치국장은 북한군을 대표하는 최고 위치지만 그 내부에서는 조직부 담당 부국장이 더 실권을 갖는다. 실제로 김정일이 생존해 있을 때에도 조명록 총정치국장보다 현철해 조직부 담당 부국장이 더 신뢰를 받았다. 겉으로 드러난 김정일의 군 현지시찰만 살펴봐도 조명록보다 현철해가 동행하는 횟수가 더 많았다. 현철해의 뒤를 이었던 김원홍도 북한사회 전체를 감시하는 국가안전보위부장으로 승진하여 지금까지 최장수의 기록을 세우고 있다. 총정치국 조직부 부국장이었던 김원홍은 국가안전보위부장, 당 조직지도부 군 담당 부부장이던 황병서는 총정치국장, 그 권력 배치만 봐도 북한군은 물론 북한 내의 실권 요직이 모두 당 조직지도부 이너서클로 구성되어 있음을 알 수 있다.

# 〔 7 〕
# 감성 독재의
# 선전, 선동, 교양 시스템

앞부분에서 당 조직생활을 이야기할 때 감성 독재를 언급했지만 그 설명만으로는 부족한 것 같다. 북한정권처럼 김씨 우상화로 주민의 감성까지 독점한 독재는 인류 역사상 전무후무하기 때문이다.

물론 그 어떤 종교든지 자기 전통과 문화를 갖기 마련이다. 그러나 그 다양한 종교들은 대부분 과거형이다. 통치수단의 절대적 기준으로 이용하기 위해서는 먼 우상일수록 적용 폭도 넓어질 수 있다.

북한의 수령 숭배가 그 어떤 독재보다 더 잔혹한 것은 현재형의 신격화 종교로 근대문화까지 왜곡해 가는 과정에 있기 때문이다. 그 절대성을 위해 한꺼번에 압축적인 권위주의를 주장하는 것만큼 주민들의 인권은 유린될 수밖에 없다. 물론 오늘날 북한 정권은 선대 수령들의 유훈통치라는 과거형 우상 조건을 만들어 놓았다. 하지만 실제적인 통치이념으로 법치화하는 그 세월은 50년도 안 된다. 두 조상의 신격화 나이를 다 합친 50살보다 더 어린 김정은에게 신격화를 인위적으로 조작하는 것 또한 전례가 없는 폭압성을 요구한다.

김정은 정권에 들어와서 더욱 가혹해진 공개처형만 봐도 잘 알 수가 있다. 김일성, 김정일 때에는 기관총이었지만 김정은 정권에 들어와서는 그것도 성에 차지 않아 화염방사기나 고사포를 동원하여 공포정치를 더 극대화하는 것이다. 그런 극단적인 방법만으로는 체제 유지가 불가능하다는 것을 북한 정권 스스로가 잘 알고 있다. 그래서 한편으로는 평화적 방식의 감성 독재도 계속 강도를 높여갈 수밖에 없다.

북한의 감성 독재는 크게 선전, 선동, 교양으로 나누어진다. 선전은 의식 세뇌, 선동은 의식 동원, 교양은 의식 강요이다. 그 세 가지 기능은 똑같이 폐쇄로 출발해서 폐쇄로 발전하고 폐쇄로 끝나게 되어 있다. 핵보유국을 자처하는 북한정권이 남한의 삐라에 대응하여 전쟁을 운운했던 것도 그 어떤 무기보다 종이 한 장의 진실이 감성 독재에 더 치명적이기 때문이다.

북한의 감성 독재에서 가장 우선시되는 선선 권력은 조직력이다. 전문가의 조직화, 전문 수단과 기능의 조직화, 창작물의 조직화, 관객 및 독자의 조직화이다. 전문가의 조직화는 당 조직으로 장악하고 있다. 북한의 모든 선전 인력은 전문기관에 소속되고 그 안에서 정치적으로 당 조직에 구속된다.

## 2) 당 선전선동부 산하 문화선전선동 기관들

선전선동부장 — 선전비서

- 정책과 → 문화성 | 종합과
- 검열과 → 국가문예작품심의위원회 | 군중문학심의위원회 | 무대작품심의위원회 | 영화작품심의위원회 | 미술작품심의위원회 | 도서출판심의위원회
- 무대예술과 → 만수대예술단 | 대공연창작단 | 국립교향악단 | 국립희극단 | 국립연극단 | 민속무용예술단 | 피바다가극단 | 평양교예단
- 문학과 → 조선작가동맹중앙위원회 | 조선 시 분과위원회 | 조선 소설 분과위원회 | 조선 희곡 분과위원회 | 각 지방작가동맹위원회
- 영화과 → 조선영화문학창작사 | 조선예술영화촬영소 | 조선기록영화촬영소 | 조선기록영화필름보관소
- 신문방송과 → 노동신문 | 조선중앙통신사 | 조선중앙방송위원회 | 평양신문 | 각 지방신문사
- 양성과 → 김원균평양음악대학 | 평양연극영화대학 | 평양미술대학 | 각 지방 예술대학 | 조기양성
- 미술과 → 만수대창작사 | 조선수예창작사 | 각 지방 미술창작사
- 강연과 → 당강습기록원 | 중앙당강습소 | 각 지방 당 강습소
- 군중문화과 → 군중문예심사위원회 | 총성의 전국노래모임 심사위원회 | 전국군중선전원강습소 | 집단체조예술지도창작단
- 대외선전과 → 국제축제준비위원회 | 대외선전부 | 주체사상 세계각지부 | 주체사상연구소
- 출판과 → 당교육출판사 | 조선문예출판사 | 근로단체출판사 | 각 지방 출판사
- 관리과 → 동평양대극장 | 평양대극장 | 교예극장 | 국립연극당 | 모란봉극장 | 각 지방 문화회관 | 물산회사

선전비서 하위:
- 조직부
- 간부과
- 중앙선전과 → 중앙기관선전부관리
- 지방선전과 → 지방기관선전부관리
- 총무과

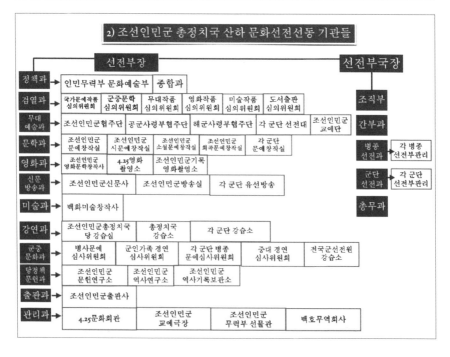

## 2) 조선인민군 총정치국 산하 문화선전선동 기관들

선전부장 — 선전부국장

- 정책과 → 인민무력부 문화예술부 | 종합과
- 검열과 → 국가문예작품심의위원회 | 군중문학심의위원회 | 무대작품심의위원회 | 영화작품심의위원회 | 미술작품심의위원회 | 도서출판심의위원회
- 무대예술과 → 조선인민군협주단 | 공군사령부협주단 | 해군사령부협주단 | 각 군단 선전대 | 조선인민군교예단
- 문학과 → 조선인민군문예창작실 | 조선인민군시문예창작실 | 조선인민군소설문예창작실 | 조선인민군회곡문예창작실 | 각 군단 문예창작실
- 영화과 → 조선인민군영화문학창작사 | 4.25영화촬영소 | 조선인민군기록영화촬영소
- 신문방송과 → 조선인민군신문사 | 조선인민군방송실 | 각 군단 유선방송
- 미술과 → 백화미술창작사
- 강연과 → 조선인민군총정치국당강습실 | 총정치국강습소 | 각 군단 강습소
- 군중문화과 → 병사문예심사위원회 | 군인가족경연문예심사위원회 | 각 군단 병종문예심사위원회 | 중대 경연 심사위원회 | 전국군선전원강습소
- 당정책문헌과 → 조선인민군문헌연구소 | 조선인민군역사연구소 | 조선인민군역사기록보관소
- 출판과 → 조선인민군출판사
- 관리과 → 4.25문화회관 | 조선인민군교예극장 | 조선인민군무력부선물관 | 백호무역회사

선전부국장 하위:
- 조직부
- 간부과
- 병종선전과 → 각 병종 선전부관리
- 군단선전과 → 각 군단 선전부관리
- 총무과

창작에서의 우선 조건은 입당이고, 당의 평가와 신임도가 앞서야 그 뒤로 창작 권한도 위임받게 된다. 1960년대 중반까지만 해도 북한 의 예능인들은 개인 창작과 개인 연주로 생계가 가능했다. 작가들이 집에서 창작한다는 말을 듣고 김일성이 '해방작가'라며 비판한 이후 부터 북한의 모든 예능인들은 기관 소속원이 되고 말았다. 그때부터 북한의 문학예술 창작가들은 정치문화의 노예로, 창작물들도 당 정 책의 세부적 주제로만 만들어졌다. 개인의 재능과 창작을 유도하는 제도적 장치도 있지만 당 선전선동부 군중문화과가 담당하는 관계로 기성 예능물의 모방 내지 답습 수준에서만 허용되고 있다. 당 선전선 동부 군중문화과는 사실상 개인의 문화적 취미와 재능의 감시 기구 로서 전인민적 사상 동원의 공간일 뿐이다. 민간과 군 기구들에 군중 문화 지도과들을 두고 합법적인 그 공간 안에서만 개인들의 열정과 희망이 현실화될 수 있도록 감시 추동한다.

북한 정권이 얼마만큼 대중문화의 사적 허용을 엄단하는지는 묘 비 관리 정책에서도 잘 알 수가 있다. 북한에서는 죽은 사람을 추모 하는 묘비도 고인의 유가족이 마음대로 쓸 수가 없다. 오직 고인의 이름과 생년월일, 사망 날짜만 새기도록 허용하고, 고인의 생전 소망 이나 짧은 문구의 유언을 새기는 것도 애당초 불법이다. 그 짧은 문 장도 3명 이상 볼 수 있는 노출된 대중 선전선동 수단으로 인식하기 때문이다. 심지어 개인은 묘비도 대리석이나 화강암이 아닌 목재로 만 사용해야 한다. 돌로 가공된 묘비와 그 안에 새겨지는 문구의 권 한은 정권에 있고, 그렇게 배려된 묘를 북한에서는 '애국열사묘'라고 부른다. 죽은 자의 유언까지 함께 묻어버리는 북한에서 산자의 입은 평생 침묵할 수밖에 없는 것이다.

　선전권력에서의 전문 기능과 수단의 조직화란, 쉽게 말하면, 언론, 문학, 영화, 무대예술, 조각, 미술, 군중문화에 이르기까지 모든 문화 도구들을 북한 정권이 빠짐없이 기관화시킨 것이다. 그 기관화 된 문화를 통일적으로 재점검하는 것이 국가 문예작품 심의위원회이다. 만수대미술창작사가 외화벌이 목적으로 만드는 조각, 미술품까지 국내에서 생산하는 것이기에 국가 문예작품 심의위원회의 심사를 거쳐야만 한다.

　심사에서는 군중문화과에서 주도하는 노동자, 농민 등 각종 분야의 군중노래 경연도 예외가 아니다. 그 심의절차와 규제를 위한 체계적인 문화생산을 위해 북한의 선전 권력은 창작물의 조직화를 엄격히 준수하고 있다.

　창작물의 조직화란 국가 인민경제계획처럼 주민들에게 주입시킬 문화 배급을 기관별, 주제별, 시기별로 미리 짜놓는 것이다. 그 문화계획은 북한 각 분야의 한 해 과업을 새롭게 제시하는 공동사설(새해 첫날 발표되는 노동신문, 조선인민군신문, 청년동맹 공동사설)에 근거한다. 당의 정책 안에서만 북한의 모든 문화기관들은 창작물을 내놓아야 하지만 경쟁 방식이 아니다. 각 문화기관들이 자기 고유의 경계선을 넘지 못하고, 같은 조선작가동맹위원회 시 분과위원회 소속 시인들이라고 해도 자기 창작 영역이 규정되어 있다. 그러한 경계선을 더욱 위축시키는 것은 김정일의 비준에 의해서만 문화생산이 가능하도록 한 문화 억제 정책이다. 당 정책 세뇌의 계획성, 집중력, 설득력,

전파력을 위해서는 문화 생산을 최소화하고, 그 희소성의 가치로 수령주의 문화 유행을 만들어내는 것이다.

그래서 김정일은 대중성이 가장 강한 가요, 영화, 서사시(서사시만은 장편소설을 대체한 특수문학으로 지정)가 자기 비준을 받아야만 일반에 공개될 수 있도록 엄격히 규제했다. 그 창작 권력을 주도하는 것도 수령주의 기획부서인 당 조직지도부 산하 특수선전기관들로 축소하였다.

언론의 경우 당보인 '노동신문'의 논조에 맞춰 모든 신문들이 그대로 베끼는 수준이다. 조선중앙방송위원회의 라디오와 TV도 노동신문의 복사판에 불과하다. 선전권력에서의 관객 및 독자의 조직화는 당 조직생활 안에서 이루어진다. 주로 토요일에 집중되는데 그 외에도 기관별 충성의 노래모임 경연, 시 낭송 경연과 같은 다양한 대중문화 동원 방식으로도 추가된다.

북한의 감성 독재에서 선동 권력은 권력 동원, 의미(意味) 동원, 대중 동원, 평가 동원으로 구분해 볼 수 있다. 권력 동원은 당 조직 시스템을 이용한 동원력이다. 북한의 국가기념일 때마다 평양시민 군중무용 행사가 열리는 것을 예로 들 수 있다. 세포, 부문, 초급, 기관당위원회에서 차출된 인력과 지시로 광장에 인파가 모이고 흥취가 연출되는 것이다. 주민들의 문화 취향까지 전체주의화하는 과정이라고 볼 수 있다.

선전 권력이 선전 주체의 방식이라면, 선동 권력은 그 전달 대상의 일체화이다. 의미 동원은 세뇌의 의무와 자부심, 정당성의 강요이다. 북한이 매해 특별한 국가기념일을 정하고 5년, 10년 주기로 행사를 벌이는 것은 대표적인 의미 동원이라고 볼 수 있다. 큰 행사와 별도로 각 기관 내의 당 조직생활 안에서 끊임없이 당 정책 관철을 위한 다양한 이벤트들을 설정한다.

의미 동원이 의식을 강요하는 것이라면, 대중 동원은 행동을 강요하는 것이다. 북한이 각종 큰 행사들을 통하여 수령, 당, 대중의 통일된 모습을 대내외적으로 과시하는 것은 대중 동원의 강권을 그대로 드러내 보여주고 있다.

이벤트로 진행되는 큰 행사 동원은 겉으로 드러난 것에 불과하다. 당 조직생활 안에서 혁명전적지 답사(김일성, 김정일 유적지 답사), 혁명가극 단체 관람, 반 간첩투쟁 전시장(반미, 반일, 반한 자료 전시장) 집체 참관, 김일성-김정일 동상 및 혁명사적지 참관, 당 정책 해설 문답식 경연, 충성의 노래모임 등 내부의 대중동원 종류는 참으로 다양하다.

선동 권력에서의 평가 동원은 북한 정권이 주민들에게 제일 잘해줄 수 있는 유일한 배려가 아닐까 싶다. 그 항목은 입당, 훈장, 승진, 선물, 표창이다. 그 평가 기준과 잣대는 당 조직생활의 충실성과 업무 실적이다. 가장 특별한 평가는 수령의 칭찬을 받았을 때이다. 그 모든 평가 동원은 반드시 대중 동원을 수반한다.

나는 평양음악무용대학 재학 시에 그 평가 동원의 주인공이 되었다. 김정일 생일 50돌을 계기로 당 선전선동부 문학과가 주도했던 군중문학 인재 선발에 당선되었다. 내가 썼던 시집 〈복 받은 세대의 노

래〉가 김정일의 평가로 이어졌고, 1992년 2월 19일 노동신문에도 소
개되었다. 음악이 아니라 문학으로 전공을 배신했는데도 얄미운 나
한 사람을 위해 평양음악무용대학 음악당 강당에 전체 교직원과 학
생들이 모여야만 했다. '최고존엄'인 김정일에게 감사장을 전달하는
행사인지라 최고의 격식을 갖추기 위해서였다. 일개 학생이 아니라
평양음악무용대학 전체에게 준 김정일의 은혜라는 내용으로 초급 당
비서가 먼저 장문의 보고서를 읽었다. 그 뒤 청년동맹 비서, 담당 선
생님들, 학생 여럿이 토론과 맹세를 이어갔다. 억지로 나를 추켜세우
는 그들의 발언을 듣고 있자니 등골로 진땀이 흐를 정도였다.

거의 한 시간 넘게 지속된 김정일에게 올리는 감사문 전달식이
끝나고 난 뒤였다. 대학 초급당비서는 "훌륭한 일을 했구먼." 하면서
내 귀를 아프게 꼬집었다. 김정일의 문학 평가는 평양음악무용대학
민족기악 학부를 졸업한 나를 조선중앙방송위원회 문예부 기자로 배
치하도록 해주었다.

북한의 감성 독재에서 교양 권력은 억제력이다. 의식 억제, 행위
억제, 생명권 억제, 출신성분 억제이다. 의식 억제는 언어의 절제와
등급으로부터 시작된다. 이는 개인의 언어표현 능력이 주체사상의
윤리 안에서 통일되도록 하기 위한 것이다. 그래서 일반어, 존칭어,
극존칭어로 나누어지는 남한의 언어문화와는 달리, 북한에는 극존칭
어와 일반어만 있다. 그 사이의 존칭어는 개인숭배의 위험 요소가 있
다고 해서 북한의 언어 예법은 물론 그 어떤 책에서도 기술되지 않는
다. 수령을 위한 극존칭어와 대중을 위한 일반어의 차별은 곧 수령과

대중의 경계선이다.

수령 언어는 '위대한', '경애하는'과 같은 극존칭의 수식어만 독점하지 않는다. '하시였다', '주시였다'처럼 형용사나 동사에 쓰이는 '시옷' 받침의 극존칭어도 수령 영역의 절대언어이다.

'님'자도 앞에 명사가 없이 그냥 '어머님'이라고 했을 때에는 반드시 수령의 어머니를 지칭하는 것이다. 북한에서 유일하게 허용된 '님'은 '선생님'이다. 김정일 후계 과정에서 "친애하는 지도자 선생님"으로 통용되었던 언어 습관의 허용이다.

개인의 언어표현의 제한은 언어의 계층화만이 아니라 당 조직생활 안에서 끊임없이 세뇌되는 수령의 교시들과 당 정책 문구의 틀에 의해 다듬어지고 통일된다. 그 언어문화와 질서에서 탈선하면 그 발언 자체가 전체주의 윤리의식에 도전하거나 배신하는 언어 위법이 되도록 정밀하게 유도하는 것이다.

북한 언어의 3대 대상은 수령, 대중, 주적이다. 수령에 대한 과잉 충성 세뇌를 위해서는 그 반대 개념의 주적 정서도 정비례해야 한다. 그래서 북한 정권은 일반어 밑으로 결코 언어가 되어서는 안 될 별도의 증오어를 고착시켰다. 북한의 공개 매체들이 걸핏하면 국제사회와 남한을 상대로 상상할 수 없는 온갖 폭언을 일삼는 것도 증오어의 합법화이자 선동이다.

의식의 억제는 일상 언어의 통제만이 아니라 당 조직생활 속에서 생활 총화, 사상투쟁, 경고, 당 학교 재교육(현직에서 해임되어 집중적으로 사상훈련을 받는 재교육 과정) 등의 단계적 조치를 적용하기도 한다.

그 의식 억제의 경계를 넘을 경우 교양권력의 칼을 빼드는 것이 행위 억제이다. 행위 억제는 당 조직생활과 법적 조치로 이루어진다. 순수 당 권한으로 개인의 출당, 해임, 추방, 처형까지 결정할 수 있다. 당의 권위로 검열 조사한 결과는 헌법 판결의 근거자료로도 충분한 이상 우발적인 개인범죄가 아닌 이상 가급적 군중 동원 형태의 당 조직생활 안에서 대부분의 문책이 다루어진다.

김정일이 생존 시에 많은 간부들이 중앙당 사상투쟁 회의에서 수갑을 찼다. 북한 간부들은 요덕관리소를 간부관리소라고 한다. 상당수의 간부들이 당 교양 조치의 마지막 배려인 요덕수용소 수감을 체험하고 복귀했기 때문이다.

생명권의 억제는 말 그대로 살생이다. 더 이상 교양의 대상이 될 수 없다는 판단으로 생명권을 박탈하는 것이다. 그럴 경우에는 개인의 교훈을 대중에게 각성시키려는 의미에서 공개처형 방식으로 이루어진다. 그렇듯이 북한에서 처형은 형벌이 아니다. 대중교양 목적이고 수단이다.

출신성분 억제력은 국가안전보위부 고유의 권한이다. 주로 생명권 억제의 연장선상에서 3대 멸족 연좌제를 적용한다. 출신성분이 개인 삶의 출발점이 되는 북한에서 국가안전보위부 관리의 출신성분 억제는 곧 죽음이나 마찬가지다. 북한의 정치범수용소 수감자들은 노동당의 감성 독재 기준으로 보았을 때에는 인간으로서의 논리와 감성까지 모두 무뎌진 무의식의 생명체들이다.

# 〔 맺는 말 〕

영문판 자서전『DRAR LEADER』가 출간되고 나서 나는 해외 홍
보차 여러 나라들을 방문하게 되었다. 그 기간에 외국의 학자들이나
정치인, 외교관들로부터 제일 많이 받았던 질문이 있다. "당 조직지
도부도, 당(黨)-당(黨) 시스템도, 김정은의 권력이 제한적이란 것도
전혀 생소한 말이다. 들어보면 논리적이고 북한의 권력 본질 이해에
서 아주 중요한 문제인 것만은 분명해 보이는데 왜 당신만 주장하는
가? 한국에서는 왜 그런 말을 전혀 하지 않는가?"

물론 이 책을 쓰는 지금까지도 나의 주장은 외롭다. 그렇다고 그
냥 침묵하기에는 쏟아내고 싶었던 말이 그동안 너무나 많았다. 특히
김정은의 유일권력에 대해서는 기꺼이 의문을 던지고 싶었다. 틀렸
다면 고작 나 개인일 수 있겠지만, 진실이라면 북한의 수령주의에 세
상이 모두 속는 것이 아니겠는가.

결과는 어쨌거나 나는 이 책을 통해 북한의 내부적 진실을 좀 더
알렸다는 점에서는 분명한 수확이 될 것이라 믿는다. 한국의 북한학
계에 작은 참고가 될 수 있다면 그것만으로도 나는 충분히 성공했다

고 믿는다.

외국에서는 북한 문제만큼은 한국 사대주의가 있다. 남북분단의 당사국인데다 3만의 탈북민들을 갖고 있기 때문이다. 외국에서 북한학이 본격화된 시점은 김대중 정부가 햇볕정책을 시작하면서부터이다. 햇볕 논리를 외부에서부터 정당화시키는 작업에 많은 돈이 투자되면서 대북 학문의 시장이 갑자기 커졌다. 특히 서방세계는 어떤 정책에서나 유연한 대안을 더 중시하는 편이다. 교류를 앞세운 김대중 정부의 대북 변화 시도는 대번에 환영을 받았다. 지금까지도 외부의 대북 논리들은 대체적으로 그 편에 맞춰져 있는 상황이다.

실제로 유럽의 대북정책은 '비판적 교류'를 유지하고 있다. 내가 영국 외무성 동아시아정책 담당자들과의 면담에서 "교류"의 함정을 구구절절 이야기했던 적이 있다. 그랬더니 그들은 한국 정부가 개성공단으로 더 크게 교류하지 않느냐며 미소를 지었다. 나는 유럽의 대북정책이 지금의 '비판적 교류'가 아니라 '분리적 교류'를 해야 한다고 제안했다. 영국의 신문 가디언지에 기고한 칼럼들을 통해서도 좀더 구체적으로 설명했다.

정권만을 상대하는 '비판적 교류'는 북한의 선별적 교류에 유럽이 피동적일 수밖에 없다. 그러나 정권과 주민을 분리시키는 대안에는 유럽이 주도할 수 있는 주민 교류의 방법이 얼마든지 있다는 것이 나의 논리의 핵심이었다. 현재 영국 BBC가 준비중인 한국어 대북방송이 대표적인 주민교류 방식이라고 사례를 들어 설명하기도 했다. 의외로 반응이 좋았다. 유럽과 미국 내의 일부 학자들은 나의 '분리적 교류'를 공개적으로 지지하기도 했다. '분리적 교류'에 관심을 가진

유럽 정치인들이 늘어나면서 세미나의 단골 주제와 질문이 되기도
했다.

나는 그때 한국을 돌아보게 되었다. 해외에서처럼 탈북민을 증언
자가 아닌 조언자로 인정해 줄 포용력이 과연 얼마나 있는지 돌이켜
보게 되었다. 물론 경험만으로는 가치의 주장이 될 수 없다. 경험을
논리화해야 하고, 그러자면 한국의 북한학계가 탈북민들에게 그 권
한의 기회를 우선 주어야 한다.

그런 의미에서 나는 네덜란드 레이덴대학과 램코 브뢰코 한국학
과장에게 거듭 깊은 존경의 인사를 드린다. 학위도 없는 탈북민을 초
빙교수로 대학 연단에 세워주는 일은 한국에서는 상상도 하지 못할
일이다. 지금 탈북민들의 역할은 안타깝게도 인권 증언에만 한정되
어 있다. 그럴 수밖에 없는 이유가 탈북민 엘리트들은 국정원 산하에
묶여 있어서 공개적 활동에 제약을 받고 있고, 대학원 과정을 거친
탈북민들마저 학위 소유자로서 방치되고 있다.

솔직히 아무리 유명 대학의 박사, 교수라도 당 조직생활의 경험이
없는 한 북한체제를 다 이해하는 데는 분명히 한계가 있다. 일부 학
자들의 경우를 보면, 어이없게도 자기의 주관에 북한의 진실을 짜 맞
추는 억지 학문을 설파하기도 한다. 더구나 탈북민들의 경험이 당 조
직지도부에 대한 이해와 북한 일반사회에 대한 이해로 크게 나누어
지는데도, 한국의 북한학은 체제의 본질에서 탈선한 후자의 영역에
서 맴돌고 있다. 단언컨대 탈북민들을 부분적 증언자로만 묶어 놓는
현재의 구조에서는 북한학이 스스로 진실과 해법을 찾는다는 것은
어불성설이다.

북한학의 또 다른 문제는 외세에 의한 분단의 연구가 한국 주도의 통일연구 개발로 이어지지 못하고 있다는 점이다. 나는 지난 1년 동안 네덜란드 레이덴대학교 초빙교수로 지내면서 내부적 시각의 북한 접근법이 얼마나 근시안적이고 심지어 쇄국적인가에 대해 깊이 절감할 수 있었다.

현재 북한은 전적으로 김정은 정권의 국정 능력에 의해서만 유지되는 것이 아니다. 이미 북한의 거창했던 주체사상은 '자력갱생'으로 작아졌고, 그 파편마저도 지역 정신의 '자강정신'으로 산산이 조각났다. 물질중심주의가 지배하는 시장 확대에 북한 정권이 대응할 수 있는 통치 능력은 공포정치뿐이다.

북한의 역사는 태생 때부터 미소 냉전의 특혜였고, 지금은 미중 냉전의 필요 부산물이다. 더 구체적으로 말한다면, 중국의 국경 이익과 미국의 아시아 동맹 이익의 틈새에 끼어 있는 수화상극(水火相剋)의 불순물에 불과하다.


나는 한국정부의 대북정책은 미국과 중국의 대립된 국익을 어떻게 순화시키고 합의시키는가에 집중되어야 한다고 본다. 지금의 정치인들처럼 북한을 상대로 무엇인가 해보겠다는 직접 관계로 가 봤자 역으로 북한의 자존심만 키워줄 뿐이다. 햇볕정책이든 상호주의든, 국제관계를 우선시하지 않고 민족평화통일이란 추상적인 수식어로 덧칠한 순수 내수용의 대북정책은 막말로 정치사기에 가깝다. 북한 붕괴 이후 산적한 통합 문제를 풀어나가려고 해도 지금부터 미중 관계의 중심에 설 줄 아는 한국이 되어야 한다고 본다. 특히 지금이야말로 북한 붕괴의 카운트다운이 시작된 시점이어서 더욱 그렇다. 그 시간을 재촉하는 것은 아이러니하게도 북한 정권이다. 북핵의 완성도가 높아질수록 국제사회의 북한 정권교체 결심과 실행도 빨라지는 것이 외부의 시한폭탄이다.

내가 해외활동 중에 접촉했던 많은 외국인들 중에는 시진핑 정부와 밀접한 관계를 맺고 있는 사람들도 있었다. 그들은 나에게 중국 지도부의 현재 대북 의중을 이렇게 설명했다. "시진핑 정부의 대외전략은 현재 4가지이다. 첫째는 남중국해 문제, 둘째는 대만통일, 셋째는 동북아지역 안정(북한 문제 포함), 넷째는 소수민족 단합이다. 북핵의 과시와 미사일 도발은 중국의 1대 전략인 남중국해 주변국의 군사화를 부추기는 직접적 위협 요소이다. 정말로 북한이 핵무기 소형화와 장거리 로켓까지 갖추게 될 경우, 골칫거리는 핵 확산 위협만이 아니다. 우리 정부가 지금껏 일관되게 주장해 왔던 미국과 반대되는 대국주의, 평화외교 기본원칙(주권과 영토 보전의 상호존중, 상호불가침, 상호내정 불간섭, 평등호혜, 평화공존)도 중대한 도전을 받게 된다. 그동안 북한정권을 방치했던 중국정부의 책임론이 물리적인 증거의 압박에 계속 시달리다 못해 어느 시점에 가서는 그 쓰레기를 직접 치우지 않으면 안되게끔 된다.

중국정부가 일관되게 견지해 온 다른 나라에 대한 내정 불간섭 원칙은 56개 소수민족 단합의 정신적 뿌리이기도 하다. 그런데 그 기둥을 지금 하찮은 북한정권이 계속 흔들어 대는 격이다. 당장이라도 북한정권을 교체할 수도 있지만, 문제는 대체할 정권이 없다는 점이 중국 지도부의 최대 고민이다. 북한 문제에 있어서는 통일 반대이지 붕괴 반대는 아니다."

　과연 중국 지도부의 이런 속내를 한국 정부는 얼마나 파악하고 있고 또 접근방법과 대응전략은 무엇일까? 나는 외교 강국일수록 정치외교의 동력으로 정치컨설팅 문화가 매우 발달되어 있음을 알 수 있었다. 민감한 사안일수록 경험과 인맥, 지식과 창의성이 축적된 협상의 인재들이 쌍방의 비공식 가교 역할을 한다. 그 비공식 합의를 외교부로 떠넘기거나 정치효과의 극대화로 확대 재생산한다. 대외설득이 절박한 북한문제야말로 컨설팅문화로 풀어가야 하는데, 현재 한국에서는 구조적인 장벽이 너무 많은 것 같다. 한국 외교의 한 부분이 되어야 정상이라 할 수 있는 북한문제가 통일부에 소속되어 내부정치의 소재로 이용되는 것만 보더라도 그렇다.

　권한을 아래에 위임하기보다 문구까지 세세히 강요하는, 위의 요구가 지나치게 권위적인 관료사회의 문제점 또한 방해요소이다. 안보를 미국에만 전적으로 의존한 탓에 주도적인 대북 압박 논리 개발은 물론 민간급 채널의 다양성은 더욱 존중되지 않는다. 솔직히 한국이 북한의 수령주의 체제를 체계적으로 파악하고 그 논리만이라도 올바르게 주도하더라도 큰 변화를 가져올 수 있었다.


　북한학은 곧 수령주의 학문이다. 그 수령주의 이념이 어떻게 권력 실물로 만들어지는가에 대한 비결은 바로 당 조직지도부와 그 장악 시스템에 있다. 그 생리를 잘 알고 나면 북한의 강점인 수령주의가 역으로 얼마나 허약한 단점인지 금방 드러난다. 수령주의가 공격받을 때마다 북한 정권이 '최고존엄'을 내세우며 전례 없는 언행을 남발하는 것만 보더라도 알 수가 있다. 그때마다 내부 체력을 과도하게 소모할 수밖에 없는 수령 이익 체제의 약점은 파고 들면 들수록 더 커지게 되어 있다.

수령주의의 침해는 곧 시스템의 침해이자 권력 명분과 질서의 균열이다. 김일성, 김정일의 권력갈등 비화와 그 주도 세력인 당 조직지도부의 비밀만 부각되어도 내부를 흔드는 핵폭탄이 된다. 당 조직생활을 수령주의 과정으로만 알고 있는 북한 주민들에게 그 권력이 어떻게 사회를 관통하는 지배의 힘으로 발전했는지, 또 그 상위 권한의 비밀 집단지도체제가 오늘날 어떻게 김정은을 "위대한 수령"으로 조작하는지, 나는 이 책이 그 설명의 한 부분이 되기를 바랄 뿐이다.

# 수령 연기자 김정은

**초판 인쇄** _ 2017년 4월 25일
**초판 발행** _ 2017년 4월 28일

**지　음** _ 장진성
**펴낸이** _ 박기봉
**펴낸곳** _ 비봉출판사
**주　소** _ 서울 금천구 가산디지털2로 98. 2동 808호 (롯데IT캐슬)
**전　화** _ (02) 2082-7444
**팩　스** _ (02) 2082-7449
**E-mail** _ bbongbooks@hanmail.net
**등록번호** _ 2007-43 (1980년 5월 23일)
**ISBN** _ 978-89-376-0455-3　03340

값 12,000원